CUERPO HUMANO
ASOMBROSO
CEREBRO
Parramón

Proyecto y realización
Parramón Ediciones, S.A.

Dirección editorial
Lluís Borràs

Ayudante de edición
Cristina Vilella

Textos
Adolfo Cassan

Diseño gráfico y maquetación
Estudi Toni Inglés

Ilustraciones
Estudio Marcel Socías

Dirección de producción
Rafael Marfil

Producción
Manel Sánchez

Primera edición: septiembre 2004

Cuerpo humano
Asombroso cerebro
ISBN: 84-342-2618-9

Depósito Legal: B-23.904-2004

Impreso en España

Ronda de Sant Pere, 5, 4ª planta
08010 Barcelona (España)
Empresa del Grupo Editorial Norma

www.parramon.com

SUMARIO

TODO BAJO CONTROL

Este volumen sobre el *Cuerpo humano* dedicado al cerebro y a las llamadas "funciones superiores" pretende proporcionar a nuestros jóvenes lectores unas nociones elementales sobre las asombrosas capacidades que tiene nuestro sistema nervioso y en particular nuestro cerebro, que nos permite, entre otras cosas, comprender lo que ocurre en nuestro entorno, razonar, emocionarnos, recordar... Cuanto mejor se comprenda la organización y el funcionamiento del sistema nervioso, más se podrá favorecer su óptimo desarrollo y potenciar sus funciones.

Tras una breve introducción donde se exponen los aspectos más teóricos, esta obra aborda diferentes aspectos del sistema nervioso, de su morfología y de su actividad. Cada apartado consta de una gran lámina relacionada con la anatomía o la fisiología del sistema nervioso y unas concisas explicaciones sobre el tema tratado. Información que se complementa al final del volumen con una sección destinada a explicar algunas curiosidades. Al emprender esta edición, nos marcamos como objetivo realizar una obra práctica y didáctica, rigurosa y, a la par, amena. Esperamos que los lectores consideren cumplido nuestro propósito.

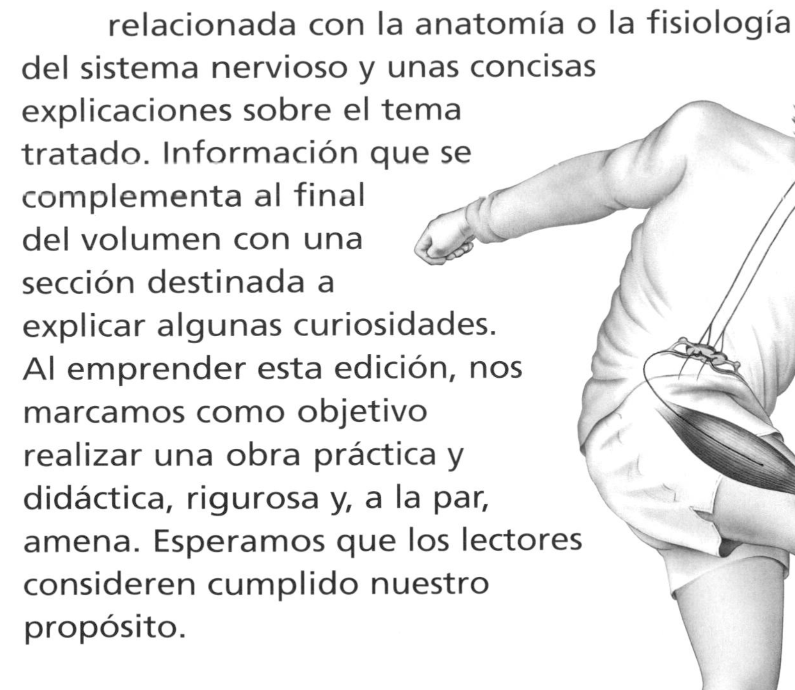

ENTRE LA BIOLOGÍA Y LA EDUCACIÓN

El sistema nervioso está formado por un tipo de célula especializada, denominada neurona, capaz de reconocer diversos estímulos, de generarlos y de transmitirlos a otras células para lograr algunos fines determinados, desde la contracción de un músculo hasta la elaboración de un pensamiento.

LAS FUNCIONES MÁS COMPLEJAS

Nuestro organismo desarrolla una serie de funciones que resultan absolutamente indispensables para la vida y que, por lo tanto, cabe considerar como básicas. Entre tales funciones constan, por ejemplo, la digestión, la respiración y la circulación sanguínea. En realidad, dichas funciones, que hacen posible la existencia, son comunes prácticamente a todo el reino animal. Pero en el ser humano están presentes también otras, más complejas y gracias a las cuales se enriquece nuestra vida, que han dado en llamarse "funciones superiores", como son el aprendizaje, el lenguaje, las conductas emocionales, la memoria o el pensamiento abstracto.

Cabe tener en cuenta que a diferencia de las plantas, que sólo responden a una reducida cantidad de estímulos fisicoquímicos del entorno, los animales, y entre ellos el ser humano, tienen una gran variedad de respuestas a agentes muy diversos. Ello se debe a que cuentan con un sistema orgánico específico encargado de reconocer múltiples estímulos externos y de generar las respuestas apropiadas para adaptarse de la manera más conveniente a los cambios ambientales: el sistema nervioso.

EL SISTEMA NERVIOSO

Ya en animales muy primitivos se observa la especialización de algunas células capaces de responder a estímulos externos, células que, en el curso de la evolución, se transforman en auténticas células nerviosas o neuronas. Estas células básicas del sistema nervioso no sólo son capaces de reconocer estímulos sino también de generarlos y de transmitirlos a otras células para lograr un fin determinado, como la contracción de un músculo o la secreción de una glándula.

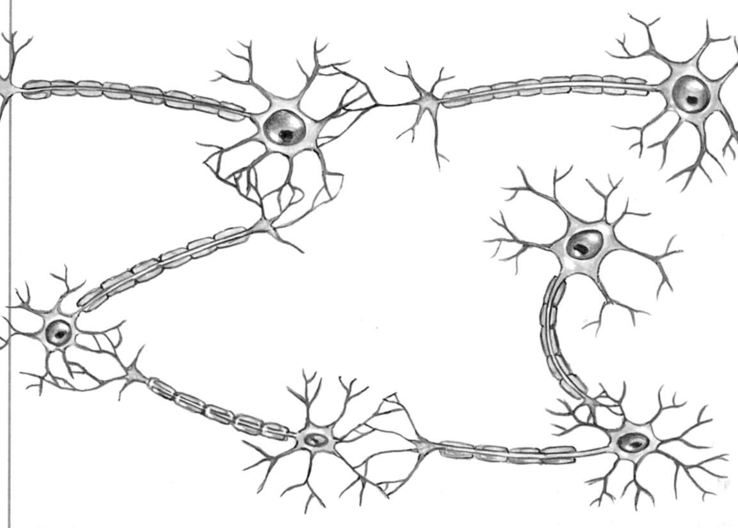

Cada neurona se conecta con otras neuronas, a veces con cientos de ellas, formando así una complejísima red que constituye el sistema nervioso.

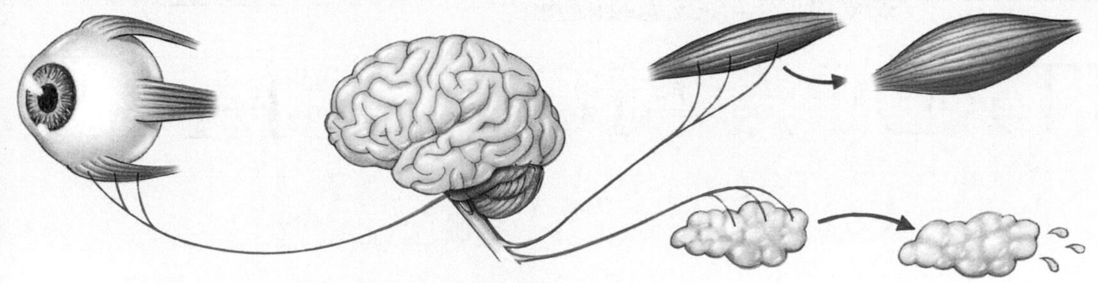

El sistema nervioso tiene como funciones elementales registrar estímulos que proporcionan información del exterior a través de los órganos sensoriales y generar las respuestas más apropiadas, como contracciones musculares o secreciones glandulares, para lograr la mejor adaptación posible a las circunstancias y condiciones ambientales de cada momento.

Los animales inferiores tienen un sistema nervioso mucho más simple que el nuestro, formado básicamente por una serie de ganglios nerviosos unidos entre sí por cordones que llegan hasta un pequeño cerebro primitivo.

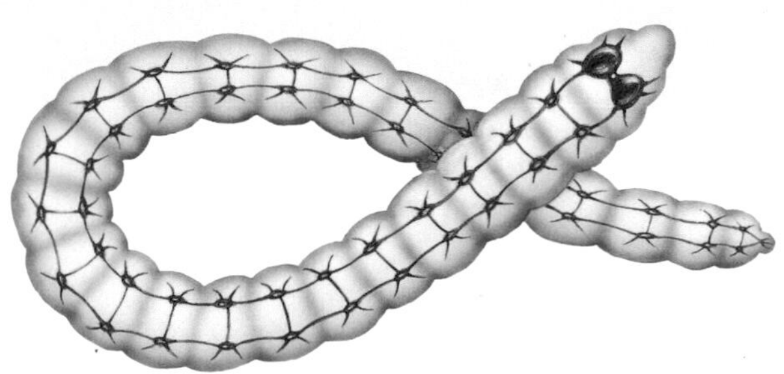

A medida que se avanza en la escala evolutiva, se aprecia que las neuronas se relacionan entre sí para dar lugar a distintos modelos básicos de sistemas nerviosos. Así, el sistema nervioso reticular, propio de animales muy simples, se presenta como una red nerviosa situada en el interior del cuerpo y a través de la cual fluye la información generada al aplicar un estímulo en cualquier punto del mismo. En cambio, el sistema nervioso ganglionar, propio de animales de cuerpo alargado y segmentado como lombrices y artrópodos, presenta unas masas con cuerpos neuronales que se ubican por pares en cada segmento y se comunican entre sí por haces de fibras nerviosas, formando en el extremo de la cabeza un cerebro primitivo.

Pero el sistema nervioso más complejo, propio de los vertebrados y entre ellos el ser humano, es el sistema encefálico. Consta de un sistema central, representado por el encéfalo (cerebro, cerebelo y tronco encefálico), protegido por el cráneo, y la médula espinal, encerrada en la columna vertebral. También dispone de un sistema periférico, formado por los denominados pares craneales y por numerosos nervios espinales que transmiten los estímulos sensitivos hacia el encéfalo o bien las órdenes generadas en éste hacia los órganos encargados de cumplirlas.

EL CEREBRO: LA SEDE DE LA MENTE

En el encéfalo existen diversos conglomerados de neuronas que constituyen centros nerviosos, algunos de los cuales se encargan de regular diversas funciones vitales, como la respiración o la actividad cardíaca. Estos núcleos, como es de suponer, están presentes en todos los animales, desde los más primitivos hasta el ser humano. Pero a medida que se avanza en la escala evolutiva, el encéfalo se vuelve más complejo y presenta centros responsables de modular la conducta del animal, es decir, la manera de reaccionar ante determinados estímulos externos mediante reflejos y una serie de comportamientos innatos que constituyen el instinto. Y cuanto más se asciende en la escala evolutiva, mayor es el tamaño del encéfalo y, en particular, del órgano más sofisticado del mismo: el cerebro.

En el sistema nervioso del ser humano destaca, por su volumen en comparación con el de los animales inferiores, el encéfalo, tal como se denomina al conjunto de órganos contenidos en el cráneo.

El cerebro está formado por dos grandes masas simétricas, los hemisferios cerebrales, unidos entre sí por diversos haces de fibras nerviosas que permiten su interconexión. Básicamente, cada hemisferio está formado por una cavidad central rellena de líquido, llamada ventrículo, alrededor de la cual hay varias capas de células: una capa interna, que rodea al ventrículo, formada por cúmulos de neuronas que constituyen núcleos responsables de las funciones básicas; una capa intermedia correspondiente a la denominada "sustancia blanca", compuesta por haces de fibras nerviosas asociativas; y una capa externa superficial, correspondiente a la conocida como "sustancia gris", formada por numerosos cuerpos neuronales conectados entre sí.

Por su tamaño y sofisticación, el cerebro humano no tiene igual en el reino animal. La corteza cerebral es tan extensa que, dada la limitada capacidad del cráneo, se ve obligada a describir numerosas sinuosidades, pliegues y repliegues que determinan la aparición de surcos en la superficie del cerebro. En la corteza cerebral tienen lugar las funciones superiores.

SENTIR Y PENSAR

A la corteza cerebral llega la información recibida del exterior y captada por los órganos sensoriales así como una ingente información del propio interior del cuerpo detectada por infinidad de receptores repartidos por todo el organismo. Parte de esta información se procesa de manera automática, sin que nos demos cuenta, pero otra parte se hace consciente y se transforma en auténticas percepciones: vemos, oímos, detectamos un aroma, apreciamos un sabor, sentimos una caricia... Y en la corteza cerebral se generan las órdenes que, conducidas por los correspondientes nervios hasta los músculos, se transforman en movimientos y acciones voluntarias.

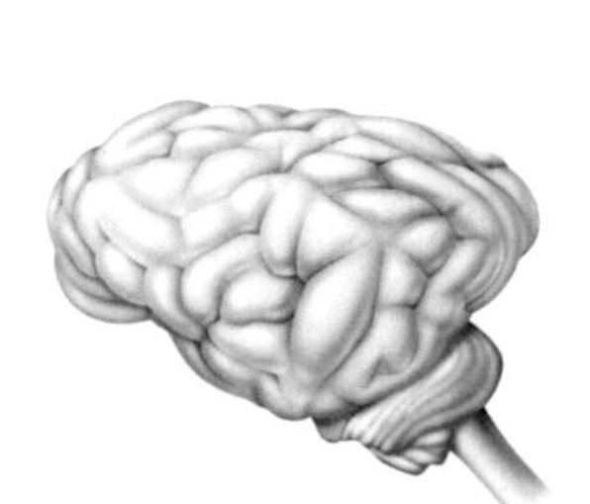

Las diferencias entre el cerebro de un animal como el perro y el del ser humano no sólo se basan en el tamaño sino también en otra particularidad: el cerebro del perro es mucho más liso, porque en el ser humano la corteza cerebral es mucho más grande y presenta numerosos pliegues.

Si bien las facultades mentales tienen una base biológica, también los factores ambientales inciden en su desarrollo: durante toda la infancia y hasta el final de la adolescencia, el aprendizaje comporta la formación de nuevas conexiones neuronales y, de hecho, aumenta las capacidades intelectuales.

Además de las funciones sensoriales y motoras del sistema nervioso, éste cuenta con otras capacidades mucho más sofisticadas, como son la facultad de aprender, la memoria, las emociones, las motivaciones, los matices de percepción, el lenguaje, la planificación, la imaginación, el pensamiento abstracto... ¿Cómo se generan estas funciones superiores? Lo cierto es que todavía no lo sabemos, sigue siendo un misterio. Aunque cada vez conocemos más detalles.

BIOLOGÍA Y EDUCACIÓN

¿Cuánto de biológico tiene el desarrollo de las funciones superiores y qué proporción de las mismas depende de factores exteriores? Resulta muy difícil responder a este interrogante, aunque sin duda ambos tipos de factores tienen su importancia. Las neuronas no están distribuidas al azar, sino organizadas de una manera extraordinariamente precisa, de tal modo que forman complicadas vías o circuitos encargados de diversas funciones y, a la vez, conectados entre sí. Este ordenamiento está pautado ya en la dotación genética de nuestra especie, programado desde el mismo momento de la fecundación, por lo cual su base es, sin lugar a dudas, innata.

Pero hoy en día se sabe que los circuitos neuronales se forman e interconectan según sean los factores ambientales a los que nos enfrentamos, especialmente durante los primeros años de vida. O sea, lo que ocurre en nuestro entorno, la educación que nos dan nuestros padres, lo que nos enseñan en la escuela y todos los estímulos presentes en el mundo en que vivimos contribuyen a modelar, en cierta forma, nuestro cerebro. Podemos afirmar, pues, que nuestras capacidades dependen, en buena parte, tanto de la biología que heredamos de nuestros progenitores, y común a toda la especie humana, como de la educación que recibimos.

El sistema nervioso del ser humano es muy inmaduro en el momento del nacimiento y requiere una oportuna estimulación para su correcta maduración: los juegos infantiles, entre otras cosas, cumplen esta función.

EL ENCÉFALO: UN SOFISTICADO ORDENADOR

El encéfalo está formado por los componentes del sistema nervioso central contenidos en el interior del cráneo, las sofisticadas estructuras que, en conjunto, controlan todas las funciones superiores y son responsables tanto de nuestras acciones voluntarias conscientes como de las actividades automáticas del organismo, de las relaciones que mantenemos con el mundo exterior y de los complejos procesos intelectuales que nos permiten tener conciencia de nosotros mismos y de todo cuanto nos rodea.

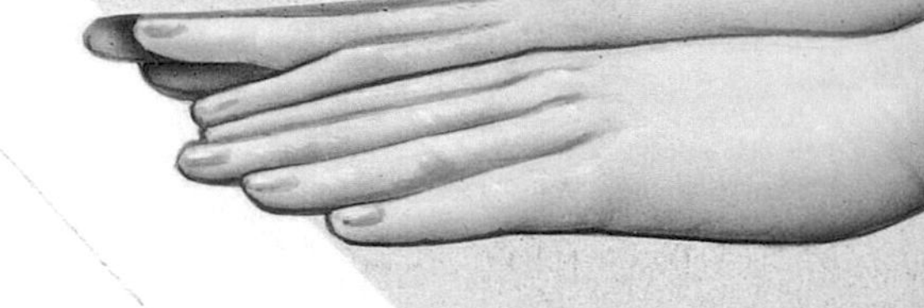

La corteza cerebral, sede de la inteligencia

La inteligencia suele definirse como la capacidad de adaptarse a las situaciones nuevas, algo fundamental para la supervivencia. No se trata de una habilidad fija, sino más bien de una suma de facultades intelectuales cuya elaboración es posible gracias a la complejidad de las conexiones entre las diferentes partes de la corteza cerebral, la capa de células nerviosas que recubre el cerebro humano.

LA COMPLEJIDAD DEL CEREBRO

El cerebro, como el resto de estructuras del sistema nervioso, está constituido por dos tipos de células: las neuronas, que son las más importantes, y las de sostén, que participan en su nutrición y protección. Para imaginarnos la complejidad del cerebro, basta con este dato: contiene alrededor de ¡cien mil millones de neuronas!, todas perfectamente interconectadas para funcionar de manera coordinada con la máxima precisión.

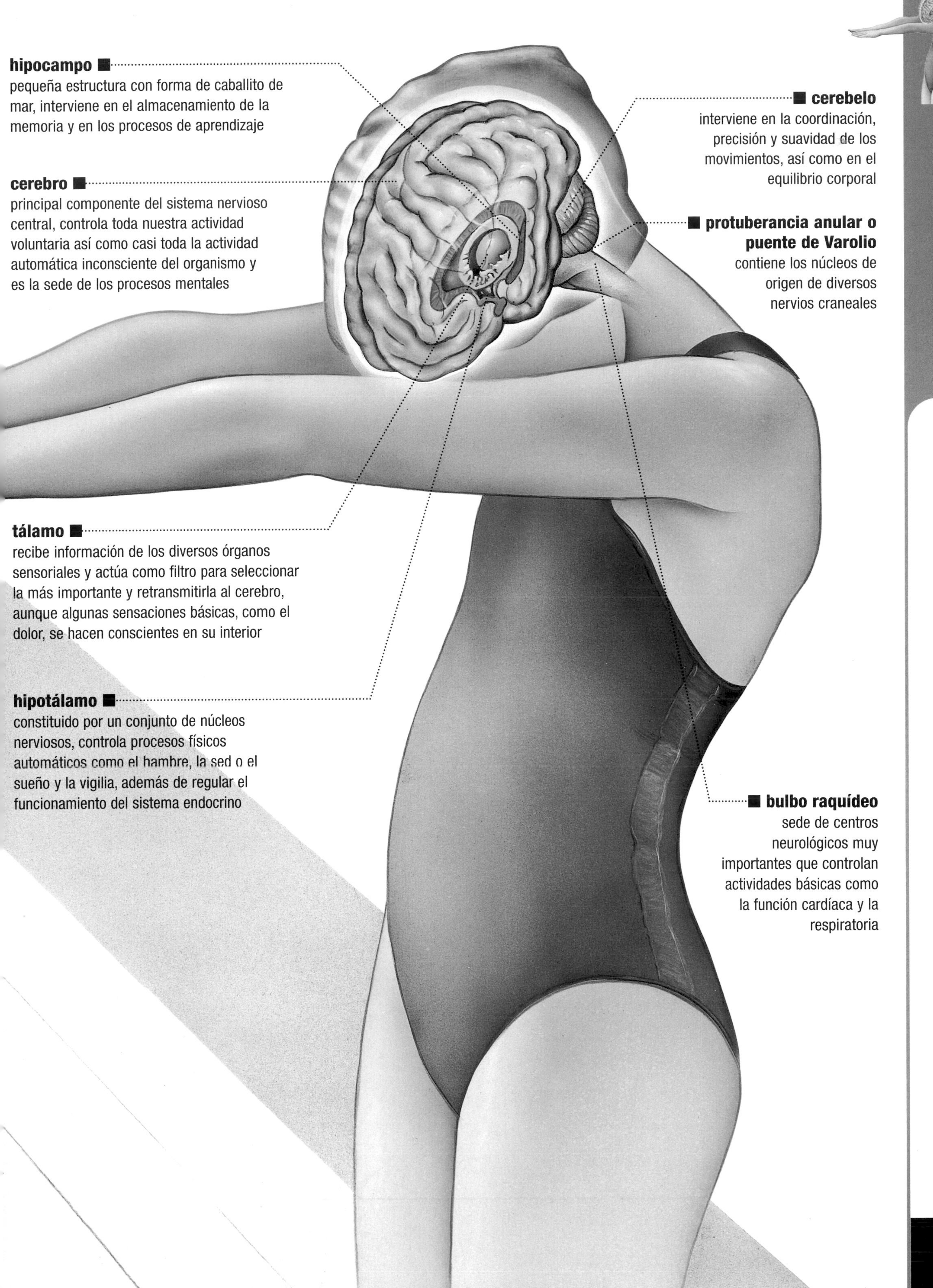
hipocampo
pequeña estructura con forma de caballito de mar, interviene en el almacenamiento de la memoria y en los procesos de aprendizaje
cerebro
principal componente del sistema nervioso central, controla toda nuestra actividad voluntaria así como casi toda la actividad automática inconsciente del organismo y es la sede de los procesos mentales
tálamo
recibe información de los diversos órganos sensoriales y actúa como filtro para seleccionar la más importante y retransmitirla al cerebro, aunque algunas sensaciones básicas, como el dolor, se hacen conscientes en su interior
hipotálamo
constituido por un conjunto de núcleos nerviosos, controla procesos físicos automáticos como el hambre, la sed o el sueño y la vigilia, además de regular el funcionamiento del sistema endocrino
cerebelo
interviene en la coordinación, precisión y suavidad de los movimientos, así como en el equilibrio corporal
protuberancia anular o puente de Varolio
contiene los núcleos de origen de diversos nervios craneales
bulbo raquídeo
sede de centros neurológicos muy importantes que controlan actividades básicas como la función cardíaca y la respiratoria

LAS FUNCIONES DEL CEREBRO

El cerebro es el órgano más importante del sistema nervioso central y principal responsable de todas las funciones superiores: aunque su funcionamiento es muy complejo y todavía no se conoce con precisión, sí han podido identificarse diversas zonas cerebrales que controlan distintas actividades fundamentales, como son, entre otras, los movimientos, el lenguaje o la visión. Es de esperar que en un futuro próximo podamos contar con un "mapa" que nos muestre dónde reside el control de las principales funciones mentales.

área premotora controla y modula principalmente los movimientos de la cabeza y los movimientos de los ojos

área frontal principal zona donde se desarrollan diversas funciones mentales superiores y sede de la conducta

Emociones primitivas

Las zonas del cerebro relacionadas con las emociones son las más primitivas desde el punto de vista evolutivo: ante ciertos estímulos, por ejemplo los que producen miedo, reaccionamos de manera semejante a como lo hacen los animales inferiores e, incluso, los reptiles.

área motora controla todos los movimientos voluntarios del cuerpo, desde la cabeza hasta los pies

área sensitiva registra e interpreta la información sensitiva procedente de todo el cuerpo, tanto de la superficie como del interior

CONEXIONES CEREBRALES

Aunque hay zonas de la corteza cerebral responsables de funciones específicas, lo cierto es que la actividad del cerebro es muy compleja y muchas de las funciones superiores, como la inteligencia o la capacidad de juicio, no tienen una sede específica sino que dependen, sobre todo, de la asociación de distintos sectores. Cabe destacar que el desarrollo de las actividades intelectuales, en las que participa el cerebro en su conjunto, depende tanto del patrimonio genético heredado como de múltiples factores ambientales y, sobre todo, de la educación.

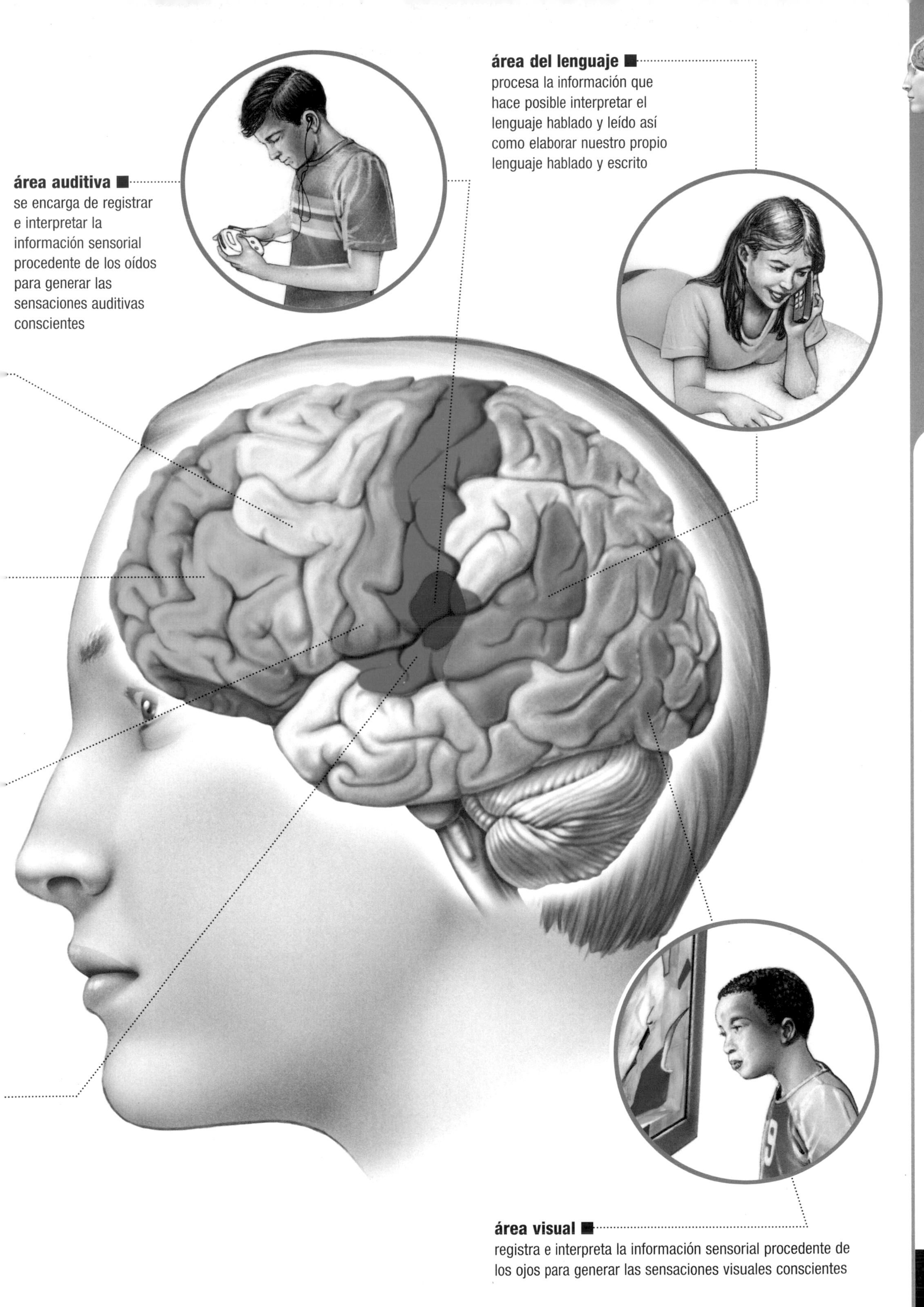

área auditiva ■
se encarga de registrar e interpretar la información sensorial procedente de los oídos para generar las sensaciones auditivas conscientes

área del lenguaje ■
procesa la información que hace posible interpretar el lenguaje hablado y leído así como elaborar nuestro propio lenguaje hablado y escrito

área visual ■
registra e interpreta la información sensorial procedente de los ojos para generar las sensaciones visuales conscientes

LA INFORMACIÓN DE LAS SENSACIONES

Los estímulos sensitivos correspondientes al tacto, la presión, el dolor o la temperatura que se registran en la superficie del cuerpo o en el interior del organismo tienen que recorrer un largo camino para ser percibidos: los receptores específicos que los detectan generan unos impulsos nerviosos que se transmiten a través de fibras nerviosas sensitivas hacia la médula espinal y a lo largo de vías específicas hasta la corteza cerebral, donde las sensaciones se hacen conscientes.

corteza cerebral los estímulos sensitivos son decodificados y se transforman en sensaciones corporales conscientes

tálamo algunos estímulos son filtrados y el resto se transmiten a fibras que se dirigen hacia la corteza cerebral

Tipos de sensibilidad

No todos los estímulos sensitivos se perciben por igual, pues pueden ser distintas tanto su naturaleza como su función e incluso diferentes los sectores del encéfalo que los reconocen. En realidad, se distinguen dos tipos básicos de sensibilidad: fina y grosera. La sensibilidad fina, llamada también epicrítica, es más precisa y discriminativa, se hace consciente en la corteza cerebral y nos permite detectar con rapidez los estímulos táctiles. En cambio, la sensibilidad grosera, conocida también como protopática y esencial como función de alarma, es menos refinada y poco localizada, se hace consciente en el tálamo y reconoce sobre todo los estímulos dolorosos y térmicos.

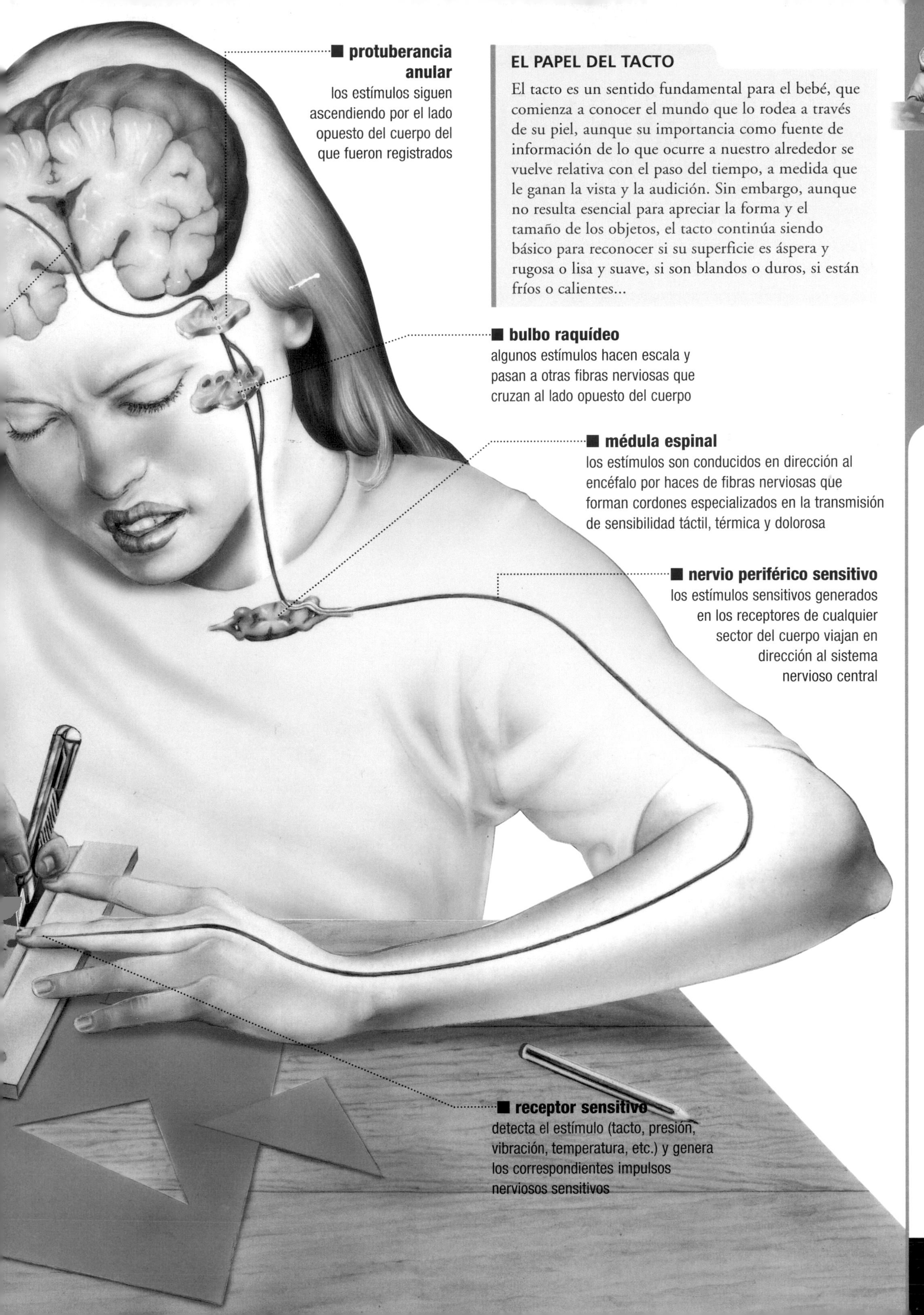

EL PAPEL DEL TACTO

El tacto es un sentido fundamental para el bebé, que comienza a conocer el mundo que lo rodea a través de su piel, aunque su importancia como fuente de información de lo que ocurre a nuestro alrededor se vuelve relativa con el paso del tiempo, a medida que le ganan la vista y la audición. Sin embargo, aunque no resulta esencial para apreciar la forma y el tamaño de los objetos, el tacto continúa siendo básico para reconocer si su superficie es áspera y rugosa o lisa y suave, si son blandos o duros, si están fríos o calientes...

RECONOCER LAS SENSACIONES

Los impulsos procedentes de los receptores sensitivos de todo el cuerpo llegan hasta una zona concreta de la corteza cerebral, la circunvolución parietal ascendente, donde se procesan y se hacen conscientes. Como cada receptor sensitivo se proyecta en un determinado punto de esta zona, en el área cerebral sensitiva puede representarse una figura humana que resulta deformada, pues a las partes del cuerpo más sensibles, con mayor número de receptores, les corresponden zonas más grandes que a las que cuentan con menor sensibilidad.

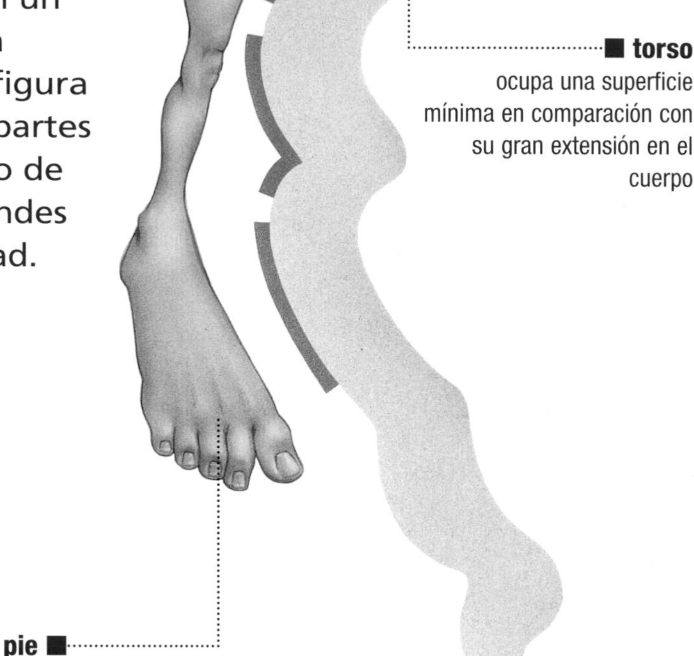

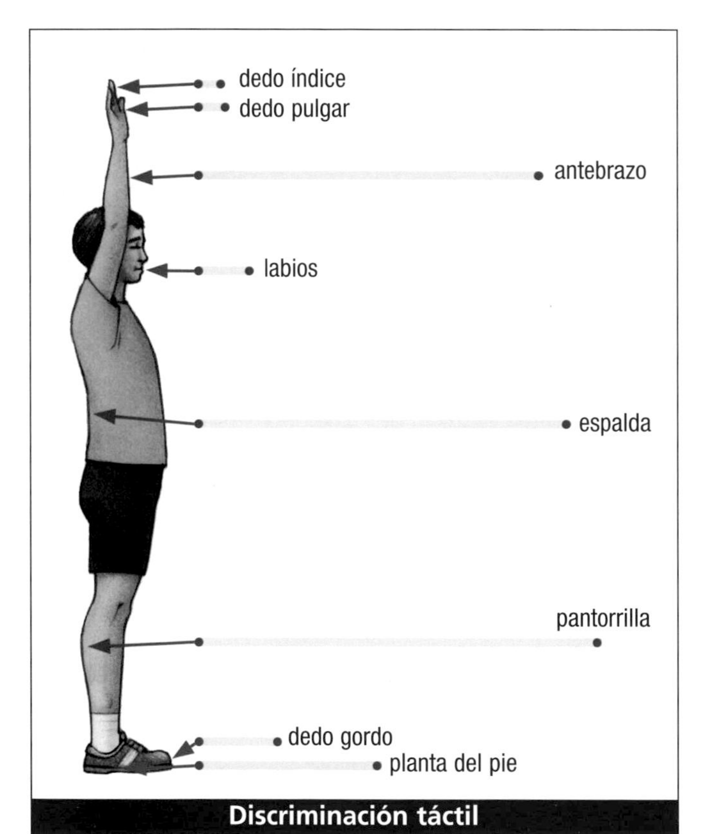

Discriminación táctil

La sensibilidad táctil de las distintas partes del cuerpo depende de la cantidad de receptores presentes en la superficie cutánea. En la yema de los dedos hay tantos receptores que es posible distinguir de manera independiente dos estímulos separados por apenas unos milímetros, mientras que en algunas partes de la espalda se interpretan como uno sólo dos estímulos que se aplican separados por varios centímetros. En esta figura se representa la distancia mínima necesaria para diferenciar dos puntos que se tocan separadamente en distintas partes del cuerpo.

¿QUÉ ES EL HOMÚNCULO?

En Neuroanatomía, el homúnculo es una forma de representar esquemáticamente la posición que ocupa la imagen táctil o motriz de cada parte del cuerpo en la corteza cerebral. En la circunvolución parietal ascendente se representa el homúnculo sensorial y en la circunvolución frontal ascendente el homúnculo motor. Como podéis ver las proporciones no tienen nada que ver con las proporciones del mismo órgano en el hombre.

LOS RECEPTORES SENSITIVOS

Se calcula que en la superficie corporal hay alrededor de 4.000.000 de receptores para la sensación de dolor, 500.000 para la presión, 150.000 para el frío y 16.000 para el calor.

área cerebral sensitiva

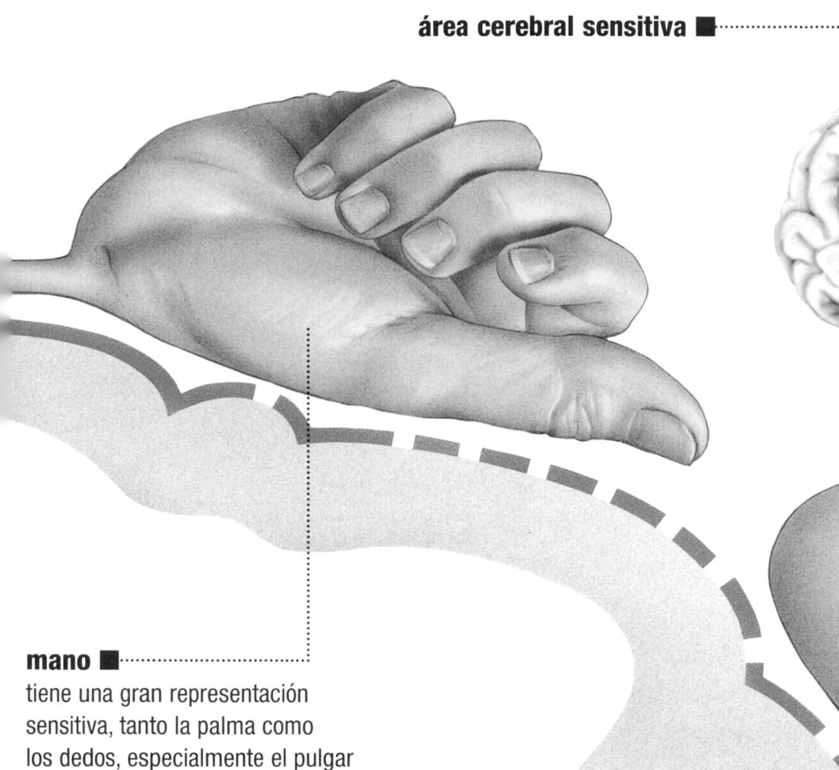

mano
tiene una gran representación sensitiva, tanto la palma como los dedos, especialmente el pulgar

rostro
ocupa gran parte del área sensitiva, pues toda la superficie de la cara tiene mucha sensibilidad

labios
proporcionalmente, corresponde a la parte con mayor sensibilidad del cuerpo

dientes y encías
cuentan con mucha sensibilidad, lo que se nota sobre todo cuando presentan alteraciones dolorosas

lengua
tiene gran sensibilidad al tacto, a la presión y a la temperatura, con independencia de su sensibilidad a las sensaciones gustativas

faringe
la garganta es una zona corporal que cuenta con mucha sensibilidad

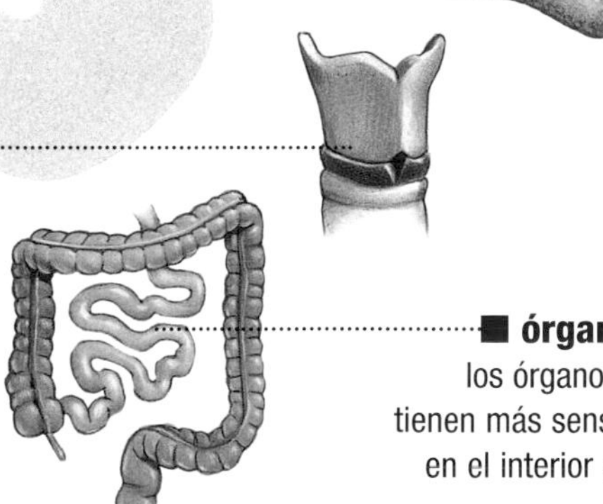

órganos intraabdominales
los órganos del interior del abdomen tienen más sensibilidad que los presentes en el interior de otras partes del cuerpo

EL CONTROL DE LOS MOVIMIENTOS

Todos los movimientos que realizamos de forma voluntaria tienen su origen en una zona concreta de la corteza cerebral, denominada circunvolución frontal ascendente, donde están las células nerviosas que generan las órdenes oportunas para los músculos encargados de efectuarlas. Como hay una correlación exacta entre cada sector de esta zona y la parte del cuerpo cuyos movimientos controla, puede representarse en ella una figura humana que resulta grotesca, pues algunas regiones corporales cuentan con un control de movimientos mucho más preciso que otras.

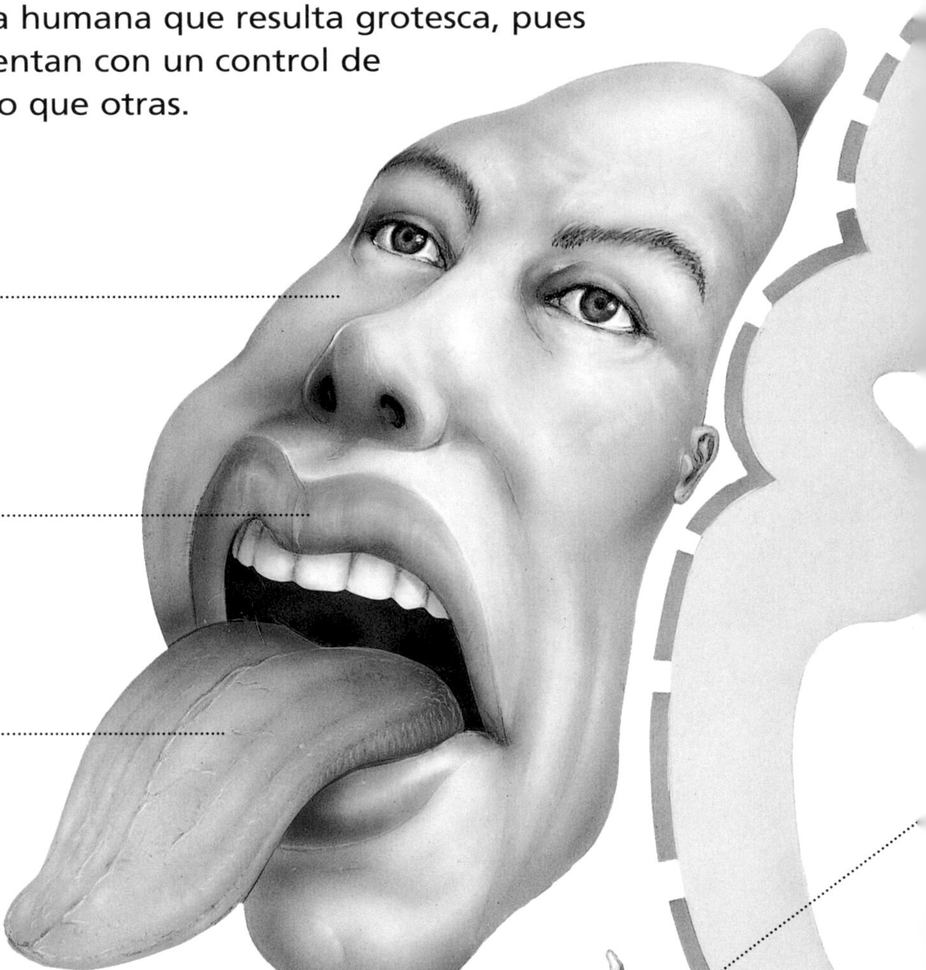

rostro
tiene una extensa representación en el área motora, por la enorme movilidad de los músculos de la mímica responsables de los múltiples gestos de la cara

labios
cuentan con una zona proporcionalmente muy importante, pues tienen una gran movilidad y participan de manera muy activa tanto al comer como al hablar

lengua
le corresponde una parte destacada en el área motora debido a su relevante participación en el proceso de masticación y, sobre todo, en el lenguaje oral

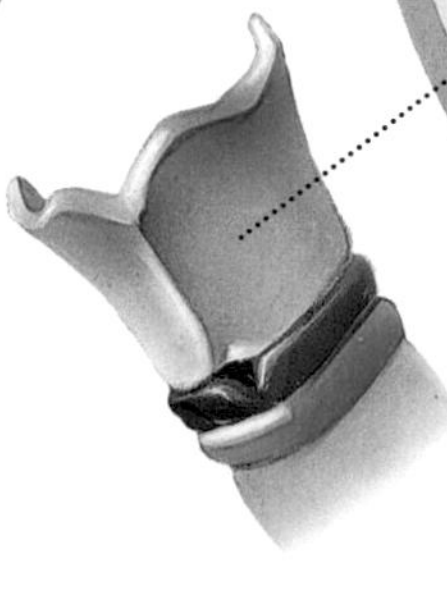

PROGRAMACIÓN DE LOS MOVIMIENTOS

Si bien la zona motora de la corteza cerebral es responsable de generar los movimientos corporales, está conectada con otros sectores del cerebro que, en realidad, son los responsables del diseño de tales movimientos. Cuando nos movemos, lo hacemos con determinada intencionalidad, en respuesta a ciertos estímulos: los movimientos son simplemente un medio para lograr algún propósito, por ejemplo desplazarnos o agarrar un objeto. La planificación de los movimientos es algo muy complejo, fruto de una elaboración cerebral sofisticada, y la zona motora sólo es la estación final para la conversión del diseño de los movimientos en su ejecución.

torso ■
cuenta con una representación reducida en comparación a la proporción que ocupa en el cuerpo, pues suele moverse en bloque

■ **mano**
ocupa un importante sector del área motora, dada la gran movilidad tanto de la palma como, en especial, de la precisión de los movimientos de los dedos

pie ■
tiene una representación motora proporcionalmente mucho mayor que la de la pierna

CÉLULAS GIGANTES

En el área motora hay unas neuronas de gran tamaño en relación con el resto, conocidas como "células piramidales gigantes", que fueron descubiertas en 1879 por el anatomista ruso Vladimir A. Betz y son las responsables de generar las señales nerviosas que dan lugar a nuestros movimientos voluntarios.

■ **laringe**
es el órgano de la fonación y, dada la importancia de la movilidad de las cuerdas vocales en la producción de los sonidos del lenguaje oral, ocupa una destacada parte del área motora

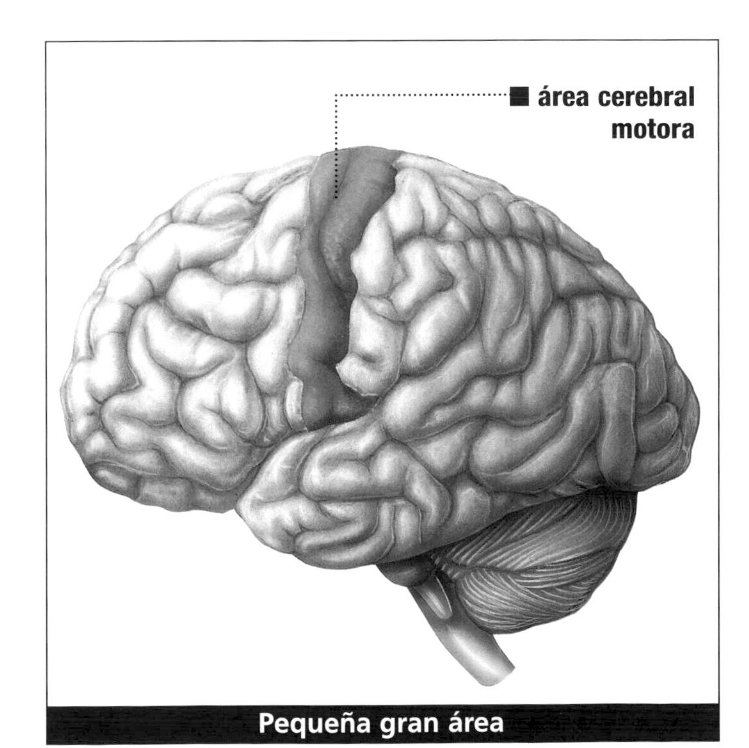

Pequeña gran área

A pesar de su importancia, el área motora representa una pequeña parte de la superficie cerebral: apenas la correspondiente al tamaño de un dedo.

LA REALIZACIÓN DE LOS MOVIMIENTOS

Los impulsos que se generan en las neuronas del área cerebral motora, destinados a producir los múltiples y diversos movimientos que realizamos de manera voluntaria, tienen que recorrer un largo camino hasta alcanzar su destino: descienden desde el cerebro hasta el tronco encefálico, donde buena parte de las prolongaciones de las neuronas motoras cruzan al lado opuesto del cuerpo, siguen su trayecto por la médula espinal y, finalmente, pasan a los nervios periféricos que llegan hasta los músculos encargados de cumplir las órdenes.

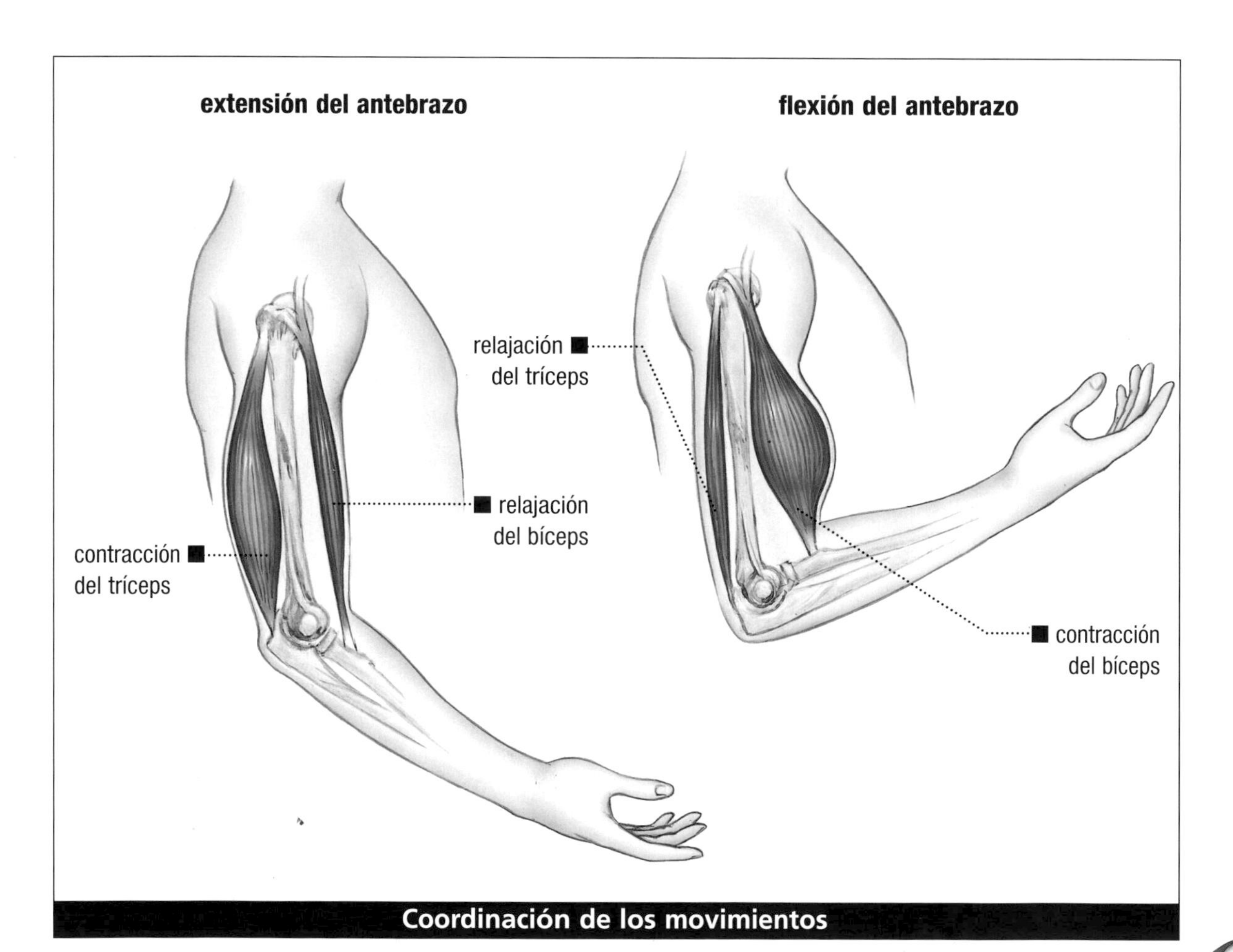

Coordinación de los movimientos

Realizar un movimiento es algo más complejo de lo que solemos pensar. Por ejemplo, para extender el antebrazo y para flexionarlo sobre el brazo se requiere la coordinación de los músculos bíceps y tríceps: uno debe contraerse mientras que, al mismo tiempo, el otro tiene que relajarse. Y para lograr acciones más complejas, como caminar, saltar o correr, hace falta contraer y relajar simultáneamente numerosos músculos: por fortuna, basta con que pretendamos hacer un determinado movimiento para que nuestro cerebro elabore y envíe, a través de las vías motoras, las oportunas instrucciones a los músculos correspondientes.

MOVIMIENTOS FINOS

Aunque el responsable de nuestros movimientos voluntarios es el cerebro, hay otras estructuras encefálicas que también participan, y de manera muy importante, en su ejecución. En tal sentido, destaca sobre todo la función del cerebelo, que interviene en la coordinación de las contracciones musculares y modula los movimientos, asegurando que se realicen con la máxima precisión y suavidad.

¿DIESTROS O ZURDOS?

Como las vías nerviosas se entrecruzan en su recorrido entre el encéfalo y el resto del organismo, cada hemisferio cerebral controla los movimientos y la sensibilidad de la mitad opuesta del cuerpo. Por lo general, un hemisferio cerebral es "dominante" con respecto al otro: lo más habitual es que sea dominante el hemisferio cerebral izquierdo y que se tenga un mejor control motor del lado derecho del cuerpo (personas diestras), aunque en algunos individuos resulta dominante el hemisferio derecho y existe un mejor control motor del lado izquierdo (personas zurdas).

PORCENTAJES

Siempre se ha considerado que cerca del 90 % de las personas son diestras y que sólo son zurdas alrededor del 10 %, pero, sin embargo, algunos estudios indican que entre un 10-15 % de las personas presentan una lateralidad cruzada, pues tienen un predominio de la mano derecha y del pie izquierdo o viceversa, y que aproximadamente el 5 % de los individuos son ambidiestros, es decir, tienen la misma habilidad en el control de los movimientos para ambos lados del cuerpo.

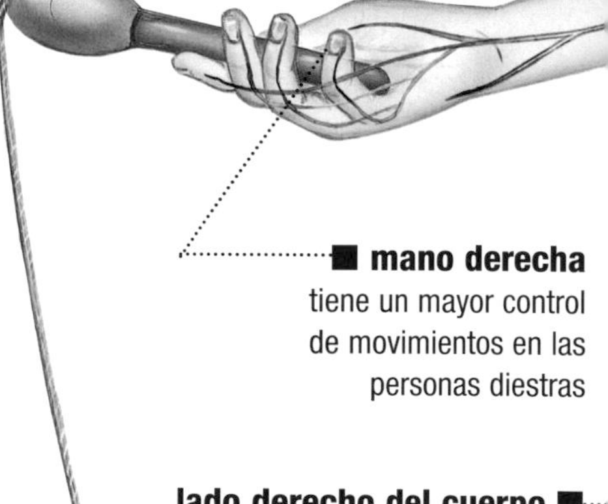

lado derecho del cuerpo está controlado por el hemisferio izquierdo y en la mayor parte de los individuos (personas diestras) tiene una mayor precisión en los movimientos

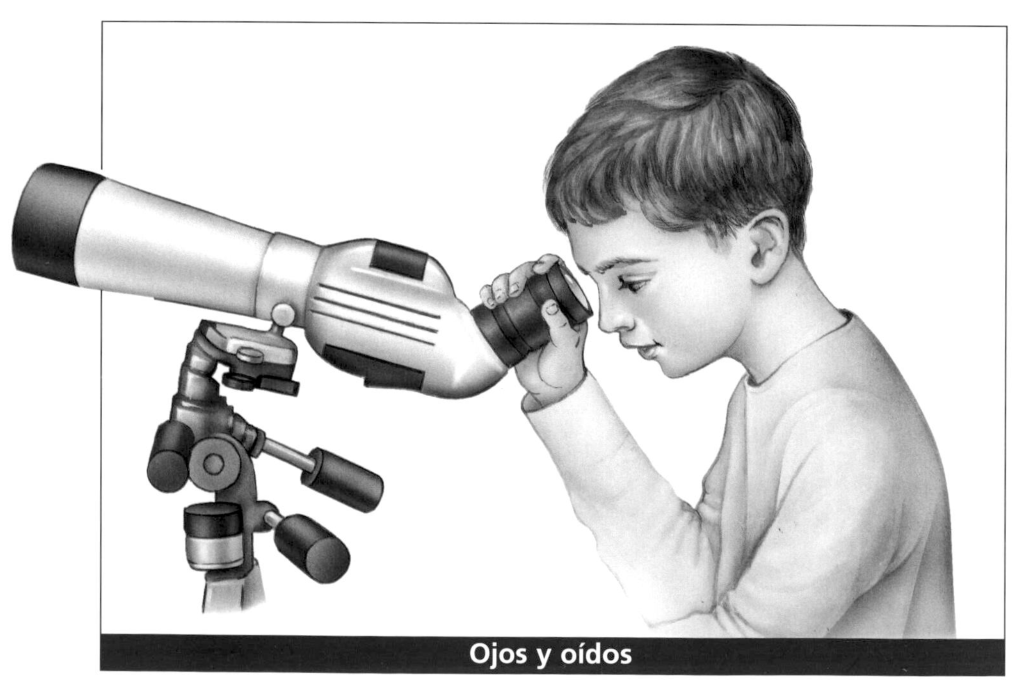

Ojos y oídos

La lateralidad no sólo se manifiesta con un predominio motor de un lado del cuerpo: las personas diestras tienden a usar preferentemente el ojo derecho para observar con detalle o mirar por un aparato óptico, y a utilizar el oído derecho para escuchar un sonido con máxima atención, mientras que los zurdos hacen lo propio con el ojo y el oído izquierdos.

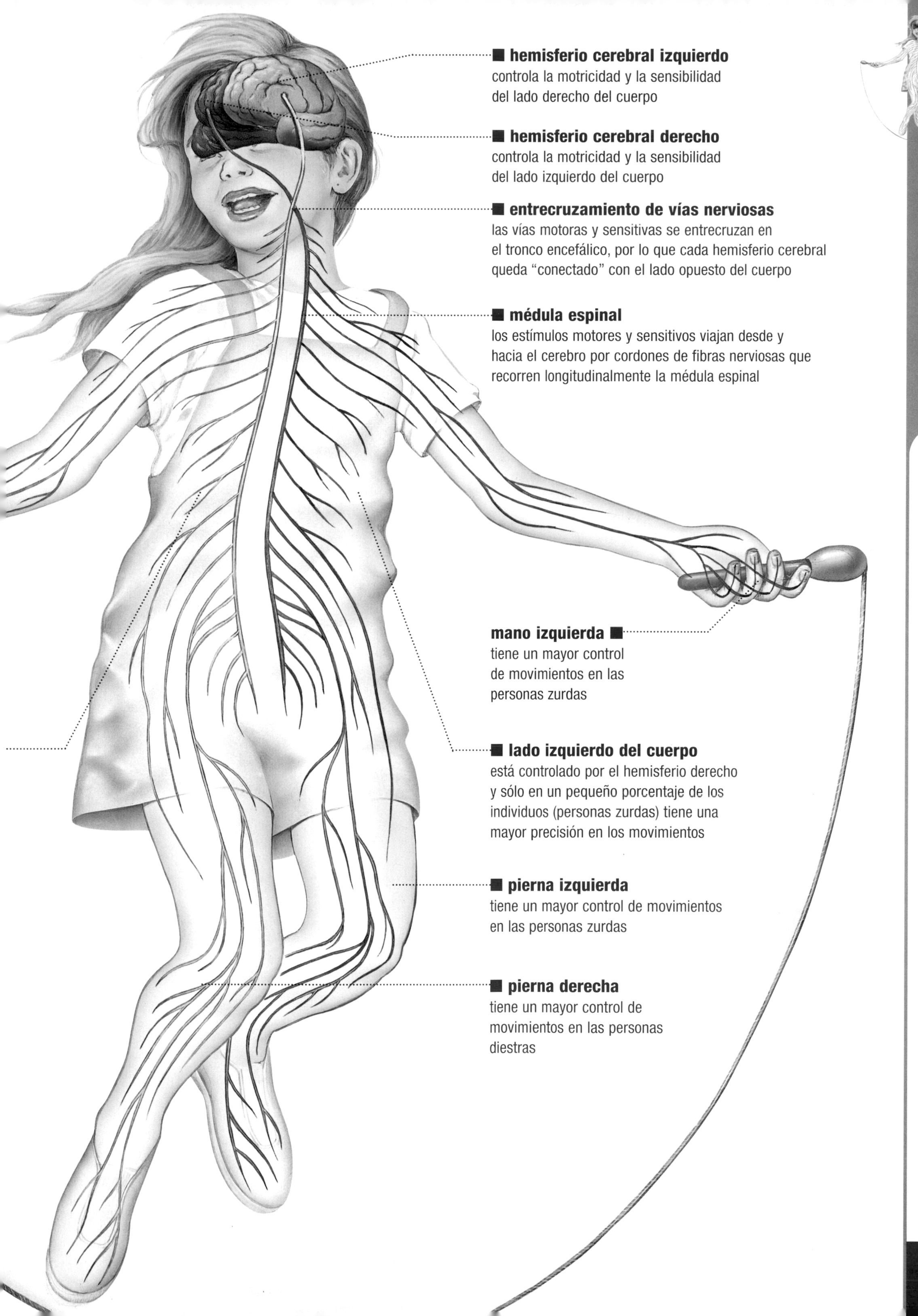
hemisferio cerebral izquierdo
controla la motricidad y la sensibilidad del lado derecho del cuerpo
hemisferio cerebral derecho
controla la motricidad y la sensibilidad del lado izquierdo del cuerpo
entrecruzamiento de vías nerviosas
las vías motoras y sensitivas se entrecruzan en el tronco encefálico, por lo que cada hemisferio cerebral queda "conectado" con el lado opuesto del cuerpo
médula espinal
los estímulos motores y sensitivos viajan desde y hacia el cerebro por cordones de fibras nerviosas que recorren longitudinalmente la médula espinal
mano izquierda
tiene un mayor control de movimientos en las personas zurdas
lado izquierdo del cuerpo
está controlado por el hemisferio derecho y sólo en un pequeño porcentaje de los individuos (personas zurdas) tiene una mayor precisión en los movimientos
pierna izquierda
tiene un mayor control de movimientos en las personas zurdas
pierna derecha
tiene un mayor control de movimientos en las personas diestras

¿CUÁL ES EL HEMISFERIO DOMINANTE?

Cada uno de los dos hemisferios cerebrales, además de registrar la sensibilidad y de controlar los movimientos del lado opuesto del cuerpo, es responsable de algunas funciones y capacidades intelectuales de distinta naturaleza: en términos generales, puede considerarse que el hemisferio dominante (correspondiente al izquierdo en las personas diestras y al derecho en las zurdas) es más lógico y que se ocupa del lenguaje, mientras que el otro, en cambio, es más emotivo y artístico.

música sentido musical, sensibilidad para la música, capacidad de composición y habilidad de ejecución de instrumentos musicales

emociones contenido emocional, expresión facial y corporal de las emociones, capacidad de control y dominio de las emociones

Genios zurdos

Las personas zurdas representan sólo una reducida parte de la población, pero llama la atención que en algunas actividades, sobre todo en lo que se refiere a la música y a la creatividad en general, el porcentaje de zurdos es muy superior a la media. A lo largo de la historia han destacado numerosos personajes zurdos considerados muy brillantes o auténticos genios, entre ellos Leonardo da Vinci, Carlomagno, Benjamin Franklin, Albert Einstein, Napoleón Bonaparte y Charles Chaplin.

arte interés y/o talento artístico en general (dibujo y pintura, literatura, escultura, etc.), capacidad creativa, imaginación y fantasía

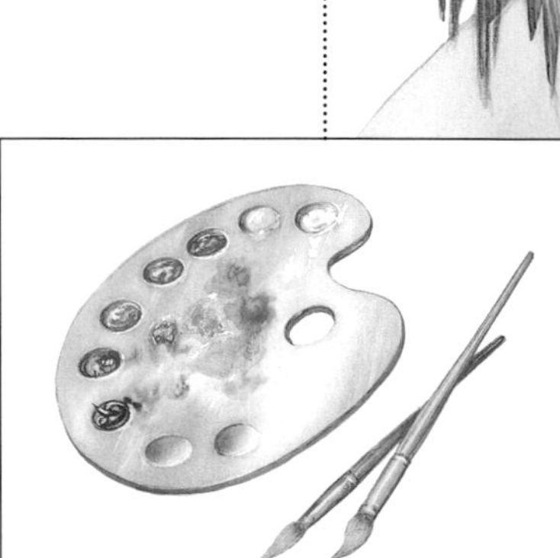

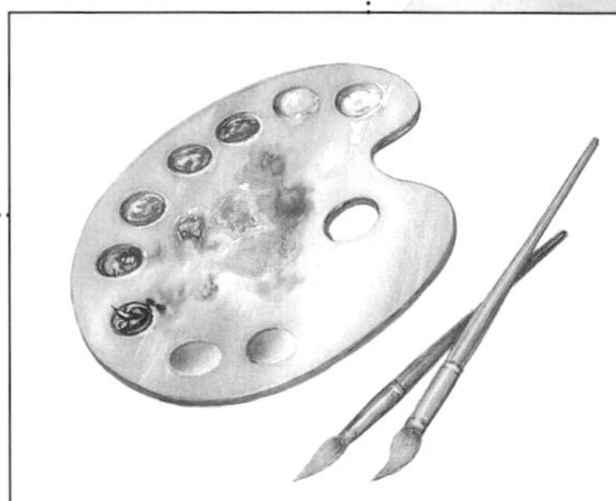

capacidad espacial sentido de orientación en el espacio, cálculo de dirección y distancia, habilidades para manipular posiciones relativas de los objetos en el espacio, percepción tridimensional

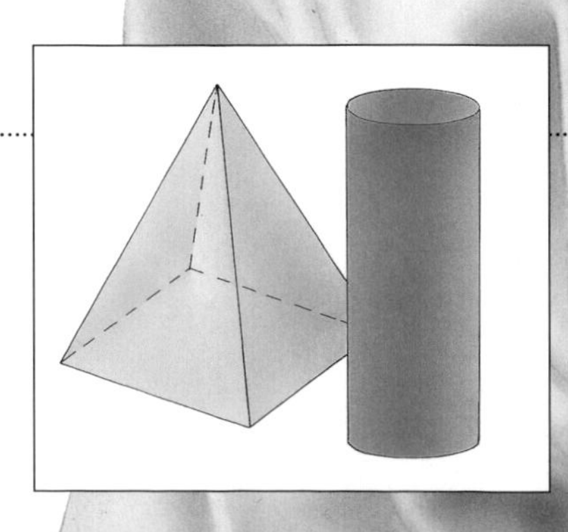

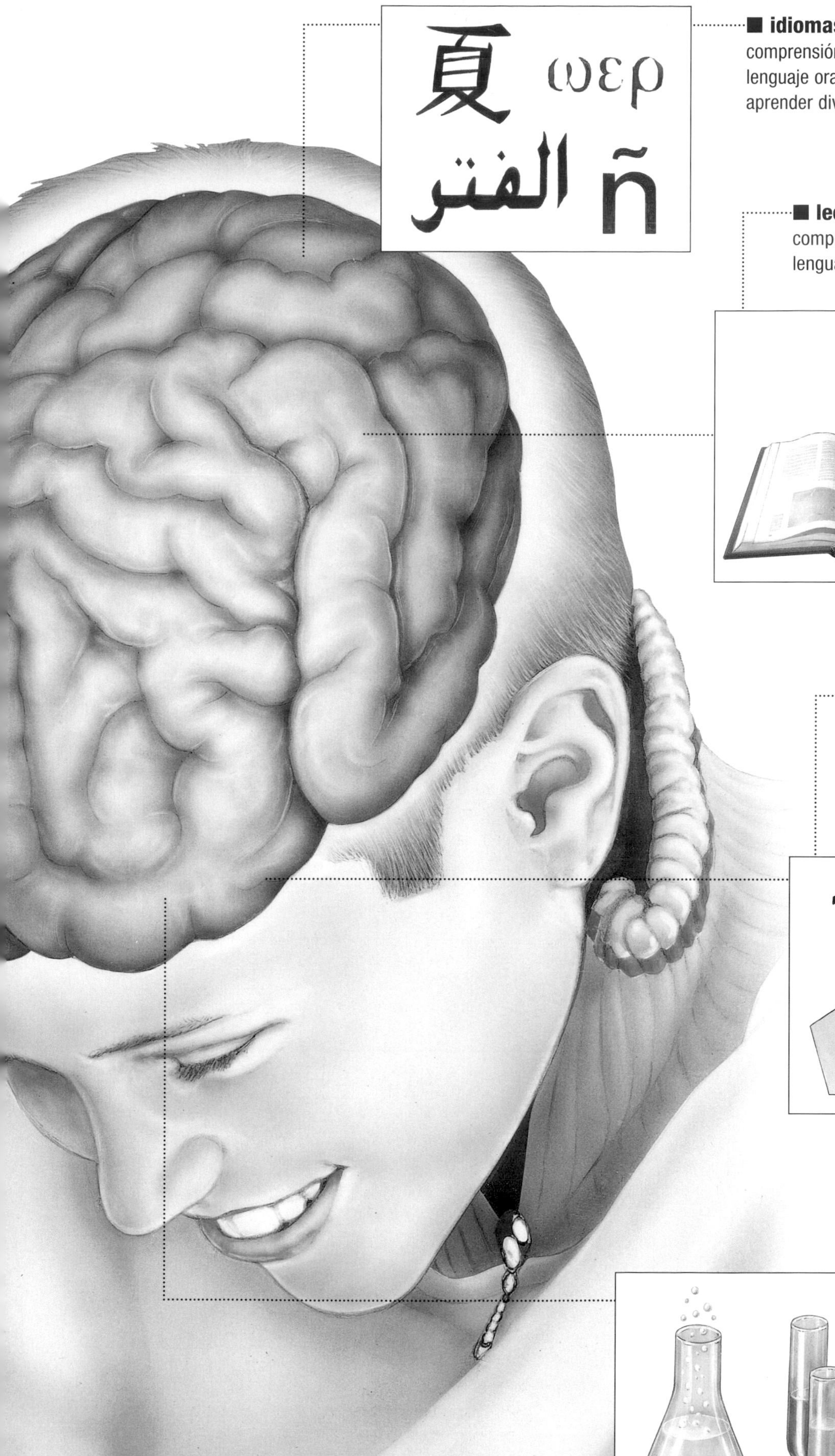

■ **idiomas**
comprensión y expresión del lenguaje oral, capacidad para aprender diversos idiomas

■ **lectura y escritura**
comprensión y expresión del lenguaje escrito

■ **matemáticas**
capacidad de abstracción y de cálculo, de comprensión y de manipulación de números y estadísticas, de razonamiento lógico

$157 \sqrt{12}$

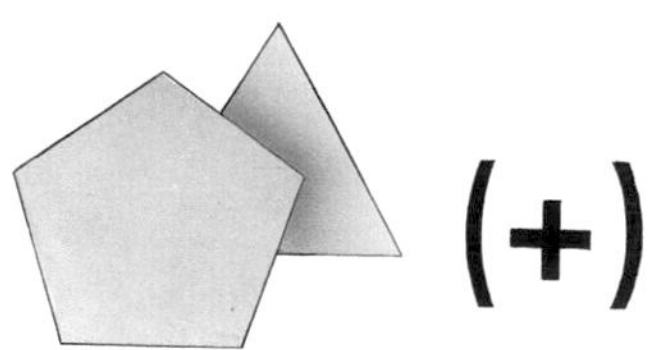

■ **ciencia**
capacidad crítica y analítica, espíritu de investigación, habilidad para solucionar problemas complejos, capacidad de razonamiento deductivo

¡VAYA PAR DE NERVIOS!

Doce pares de nervios simétricos comunican directamente el encéfalo con diversos sectores del cuerpo, bien sea para llevar hasta el cerebro estímulos sensoriales o bien para conducir órdenes generadas en los centros nerviosos a los órganos encargados de obedecerlas: son los llamados pares craneales, muy importantes porque, así como algunos son una extensión de los órganos de los sentidos, otros son fundamentales en la regulación automática de la actividad del corazón, de la respiración y de la función digestiva.

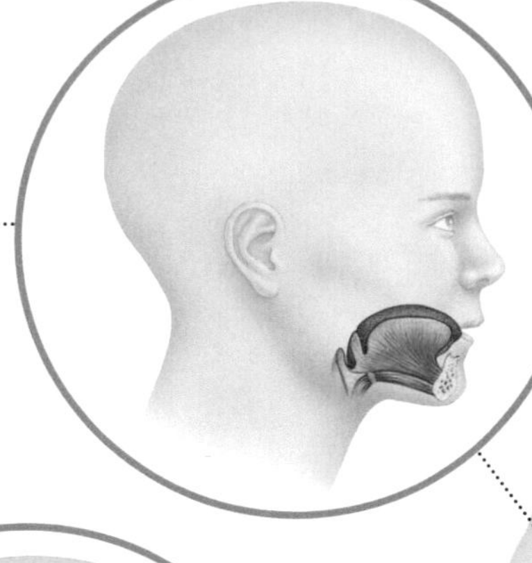

par XII: nervio hipogloso
interviene en el control de los movimientos de la lengua

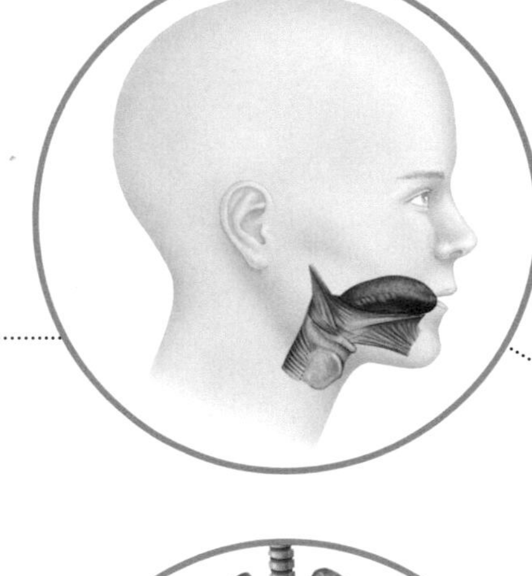

par IX: nervio glosofaríngeo
conduce estímulos gustativos desde la lengua al cerebro y participa en el control de los músculos de la faringe

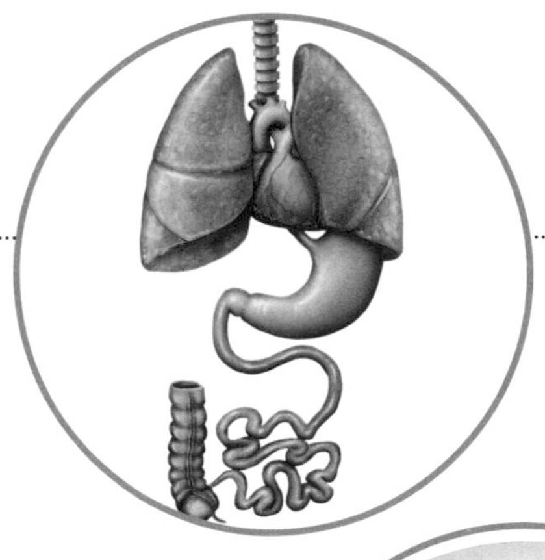

par X: nervio vago o neumogástrico
interviene en el control de los músculos de la faringe y de la laringe, así como en la regulación del corazón y de los órganos respiratorios y de los digestivos

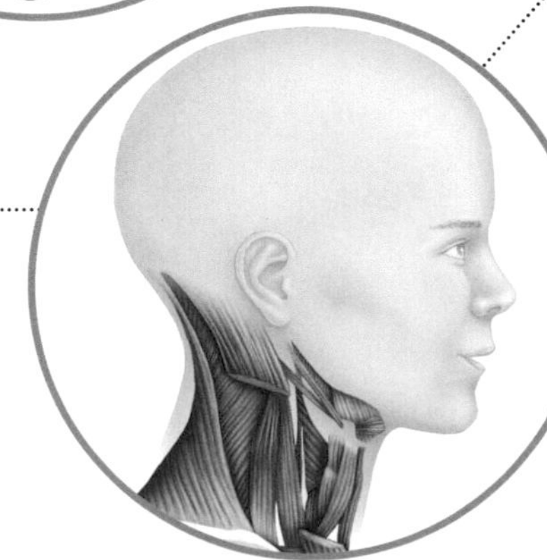

par XI: nervio espinal
interviene en el control de los músculos del cuello, del hombro y de la laringe

CONEXIÓN CENTRAL

A diferencia de los nervios raquídeos que salen de la médula espinal y se ramifican para inervar todo el cuerpo, los pares craneales surgen directamente del encéfalo, ya sea del cerebro o bien del tronco encefálico, donde se encuentran sus núcleos de origen. La diferencia puede parecer sutil, pero en realidad no lo es: si surgen del propio encéfalo es porque su papel es prioritario, pues las señales que transmiten están relacionadas con cuestiones fundamentales, como son la obtención de información sensorial de máxima relevancia y la regulación de funciones vitales como la actividad cardíaca y la respiratoria.

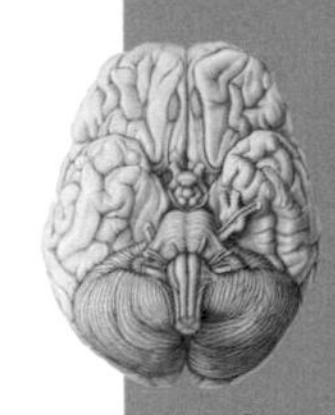

■ par I: nervio olfatorio

conduce los estímulos olfativos desde la nariz hasta el cerebro

■ par II: nervio óptico

conduce los estímulos visuales desde el ojo hasta el cerebro

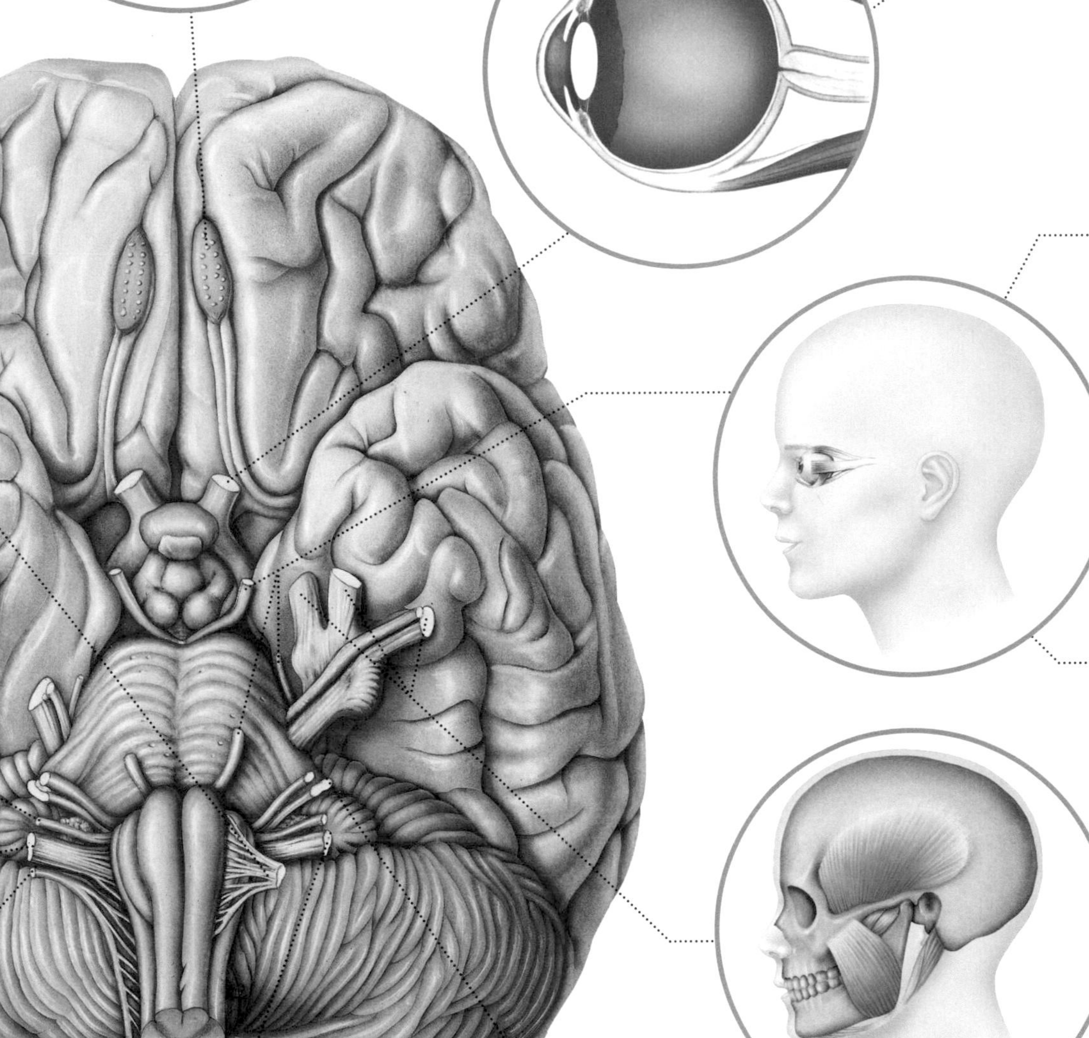

■ par III: nervio motor ocular común

interviene en el control de los movimientos de los ojos

■ par IV: nervio patético

interviene en el control de los movimientos de los ojos

■ par VI: nervio motor ocular externo

interviene en el control de los movimientos de los ojos

■ par V: nervio trigémino

conduce los estímulos sensitivos de la cara hasta el cerebro y participa en el control de la masticación

■ par VII: nervio facial

conduce estímulos gustativos desde la lengua al cerebro y participa en el control de los músculos de la cara

■ par VIII: nervio acústico o auditivo

conduce los estímulos auditivos e información relacionada con el equilibrio corporal desde el oído hasta el cerebro

NUESTRA REGULACIÓN AUTOMÁTICA

El denominado sistema nervioso vegetativo o autónomo es una parte de nuestro sistema nervioso que tiene la misión de regular de manera automática e inconsciente el funcionamiento del organismo: la actividad de las glándulas, de los vasos sanguíneos y de muchas otras estructuras corporales. Este sistema está dividido en dos sectores diferentes y complementarios, con funciones antagónicas: el sistema simpático, que se activa en situaciones de alerta, y el sistema parasimpático, que predomina en situaciones de reposo.

SISTEMA PARASIMPÁTICO
Controla el funcionamiento orgánico en situaciones de relajación y de tranquilidad.

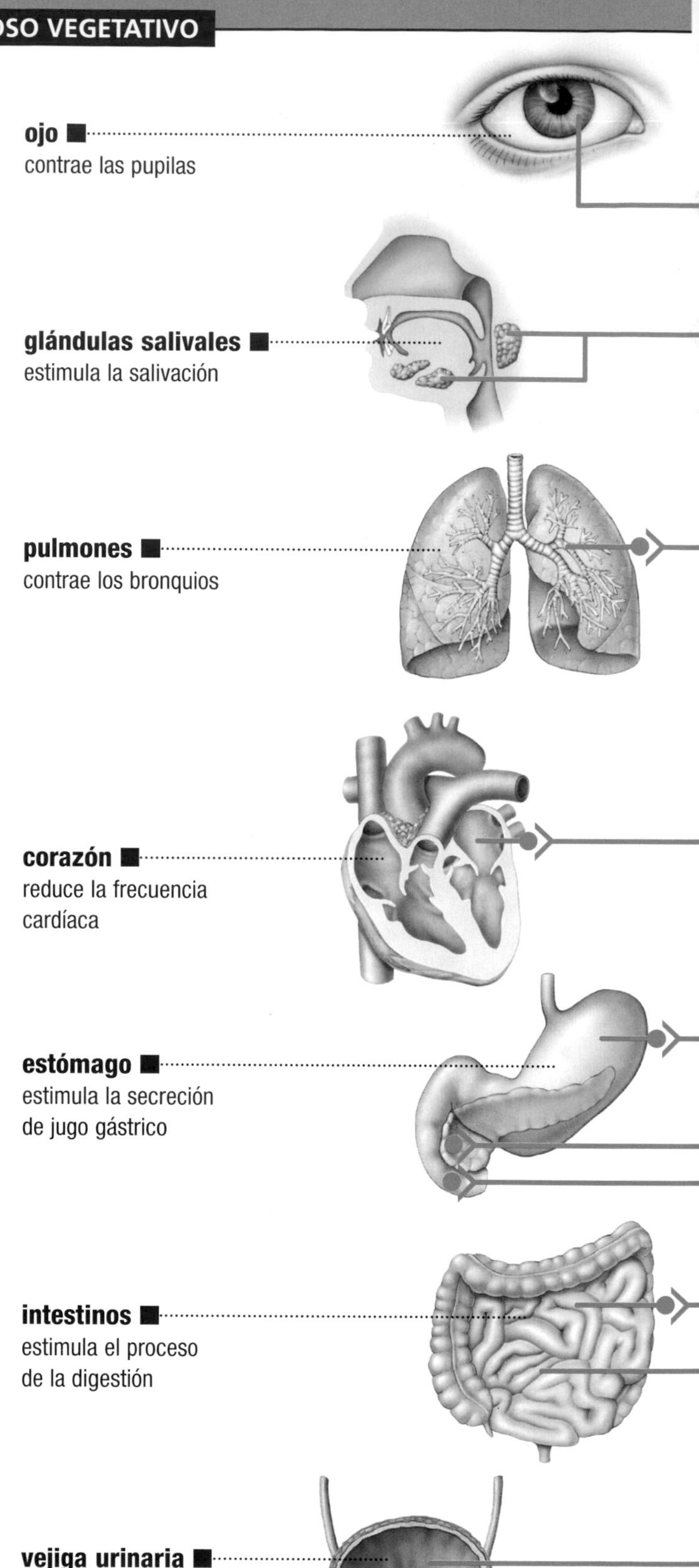

EL ESTRÉS

El estrés se define como un estado de tensión psicológica y emocional generado por situaciones que nos ponen en alerta, que nos preocupan o nos causan temor porque suponen un peligro o una amenaza. El resultado de este estado puede ser positivo, pues comporta una energía útil para afrontar el problema que lo causa, pero cuando el estrés es muy intenso o persistente suele ser negativo, ya que conduce a un agotamiento y produce daños a nuestro organismo. En realidad, los efectos del estrés traducen la respuesta del sistema nervioso autónomo simpático, que nos prepara para la acción en situaciones puntuales que así lo exigen pero que, cuando es estimulado en exceso, genera un estado de auténtico agobio y tiene un efecto perjudicial.

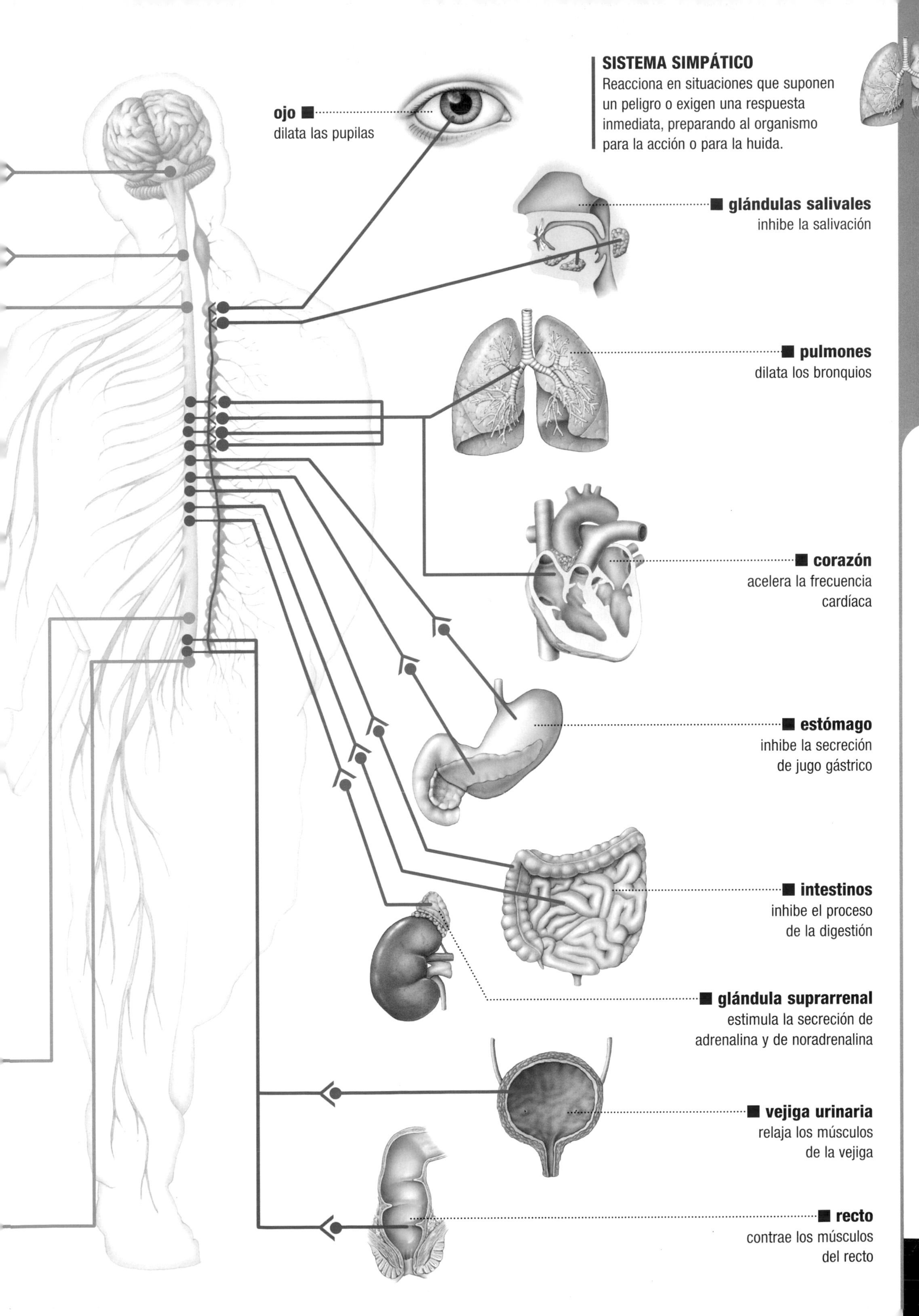

SISTEMA SIMPÁTICO
Reacciona en situaciones que suponen un peligro o exigen una respuesta inmediata, preparando al organismo para la acción o para la huida.
ojo
dilata las pupilas
glándulas salivales
inhibe la salivación
pulmones
dilata los bronquios
corazón
acelera la frecuencia cardíaca
estómago
inhibe la secreción de jugo gástrico
intestinos
inhibe el proceso de la digestión
glándula suprarrenal
estimula la secreción de adrenalina y de noradrenalina
vejiga urinaria
relaja los músculos de la vejiga
recto
contrae los músculos del recto

LA RESPUESTA INMEDIATA

Algunas acciones se producen de manera automática como respuesta a determinados estímulos con independencia de nuestra voluntad y casi sin advertir que las estamos realizando: se trata de los denominados actos reflejos. En los más simples, ni siquiera intervienen los órganos encefálicos, como ocurre si sufrimos un daño, por ejemplo un pinchazo o una quemadura, en alguna parte del cuerpo: la información viaja a la médula espinal y allí mismo se generan las órdenes para que los músculos oportunos se contraigan y nos apartemos de la fuente nociva.

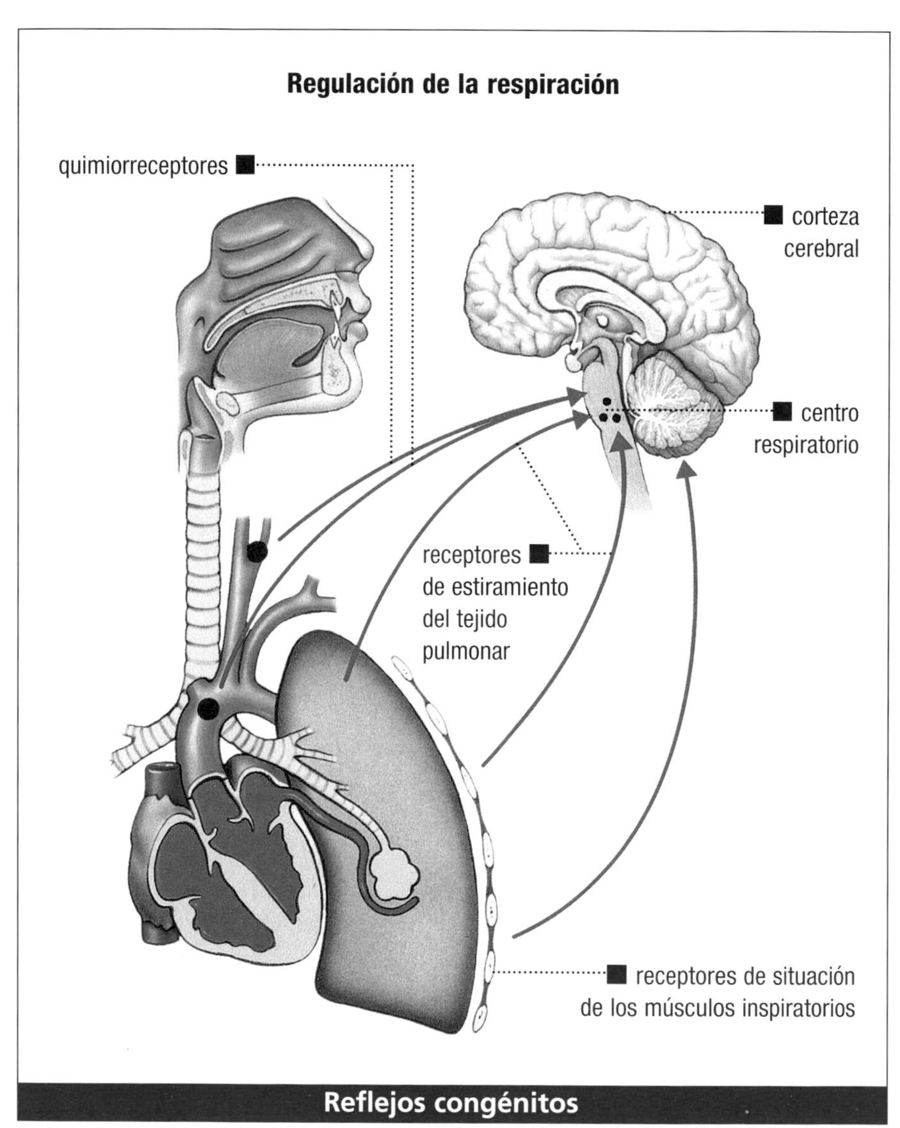

Reflejos congénitos

Hay reflejos muy importantes que están presentes desde el nacimiento, como son los que controlan ciertas funciones corporales básicas. Entre ellos figuran los que regulan la respiración o el proceso digestivo. Estos reflejos, algunos muy complejos, requieren la participación de diversas estructuras encefálicas, como núcleos nerviosos de la base del cerebro y del tronco encefálico, pero no precisan la intervención de la corteza cerebral: por eso se desarrollan de forma automática, sin que tengamos que pensar en si debemos respirar, de manera independiente a nuestra voluntad.

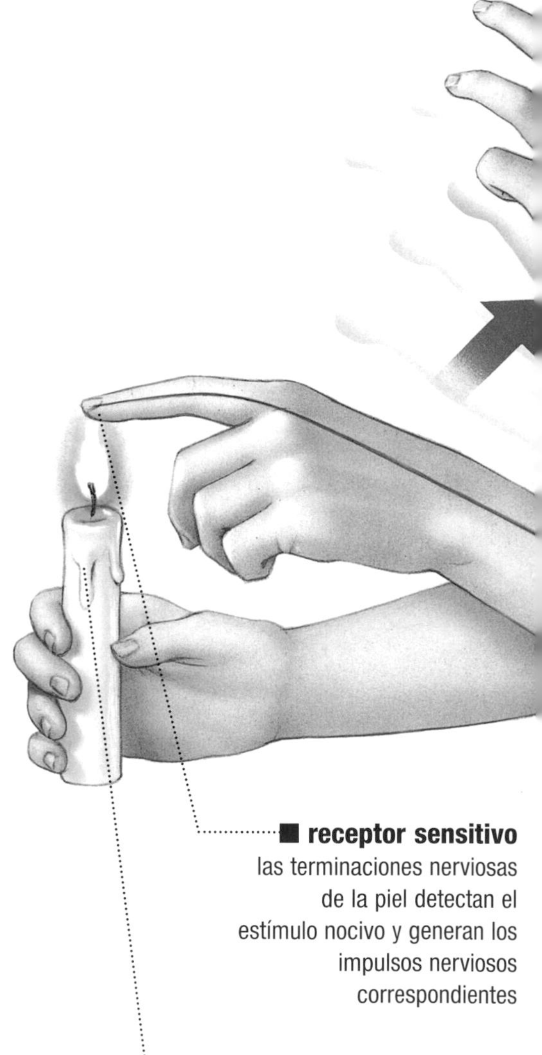

receptor sensitivo las terminaciones nerviosas de la piel detectan el estímulo nocivo y generan los impulsos nerviosos correspondientes

estímulo nocivo cualquier factor que resulte perjudicial o dañino para nuestro organismo: en este caso, un contacto con el fuego

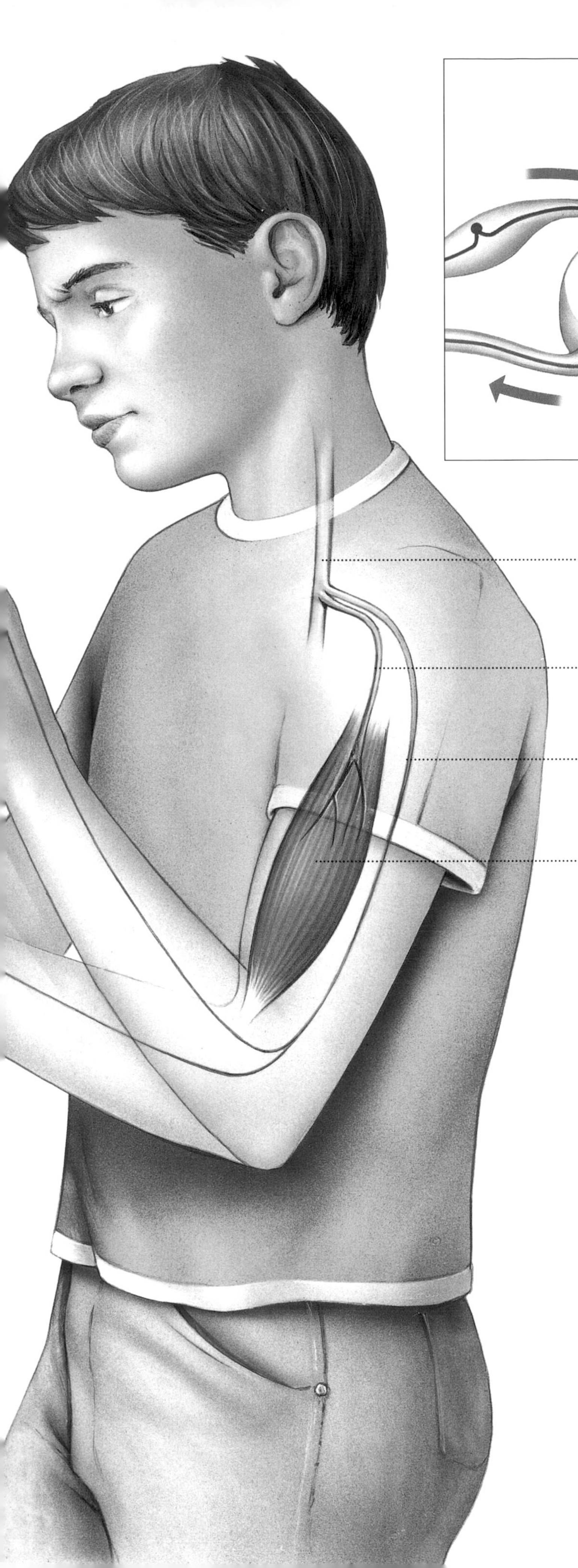

REFLEJOS CONDICIONADOS

Hay unos reflejos que no están presentes desde el nacimiento sino que se adquieren a lo largo de la vida como resultado de nuevas vías nerviosas que se forman a partir de la experiencia: si ante un determinado estímulo se produce una respuesta satisfactoria, tal respuesta tiende a producirse de manera automática cada vez que aparece el mismo desencadenante. Así, por ejemplo, se nos hace la boca agua sólo ver nuestro postre favorito, porque de manera refleja aumenta la secreción de saliva en nuestra boca.

PARA SABER MÁS

FACTORES DE LA INTELIGENCIA

La inteligencia es considerada por los especialistas como la suma de una serie de habilidades mentales que están relacionadas entre sí pero que son independientes. Hay quienes destacan en alguno de estos factores y quienes destacan en otro, por lo que resulta muy difícil definir y medir con exactitud la inteligencia.

Razonamiento:	habilidad para deducir e inducir a partir de datos conocidos.
Comprensión verbal:	conocimiento del significado de las palabras.
Fluidez verbal:	conocimiento de vocabulario y capacidad de expresión.
Habilidad numérica:	comprensión de los números y capacidad de cálculo.
Comprensión espacial:	habilidad para situarse en el espacio y para interpretar dibujos y gráficos.
Memoria:	habilidad para recordar palabras, números, etc.
Atención y percepción:	habilidad para concentrarse en algo sin distraerse.
Afrontamiento y solución de problemas:	habilidad para analizar una situación problemática, formular una solución y encontrar el medio para alcanzarla.

LA CURIOSIDAD, MOTOR DEL APRENDIZAJE

La curiosidad puede definirse como el deseo de saber o averiguar lo que se desconoce: una de las actitudes humanas fundamentales y tal vez una de las características que más diferencian a las personas de los animales. Aunque los científicos todavía no pueden explicar el mecanismo cerebral que la genera, hoy en día se piensa que la curiosidad depende de factores genéticos y que, por lo tanto, tiene una base biológica innata. De hecho, los psicólogos aceptan que la curiosidad, que está presente desde los primeros años de vida y nos impulsa a intentar descubrir el funcionamiento del mundo que nos rodea, constituye un factor clave en el proceso de aprendizaje.

TIPOS DE MEMORIA

La memoria es una aptitud maravillosa del cerebro humano, pues nos permite registrar todo tipo de datos y sensaciones para poder revivirlos, en ocasiones con todo detalle, bien sea al cabo de pocos minutos o incluso cuando ya han pasado muchos años. Aunque la memoria es una sola, se distinguen tres tipos según sea el tiempo en que se recuerda una información: la memoria inmediata, de sólo unos segundos; la memoria a corto plazo, de unas horas a unos pocos días, y la memoria a largo plazo, en que los datos pueden recordarse toda la vida.

CURIOSIDADES

Neuronas, células duraderas

Las neuronas son las únicas células del organismo que no se multiplican: las que se pierden en el transcurso de la vida, ya no son reemplazadas por otras. Sin embargo, las funciones de las neuronas que se van deteriorando y destruyendo a lo largo de nuestra existencia suelen ser asumidas por otras indemnes, por lo que su progresiva desaparición no llega a comportar una merma de nuestras facultades intelectuales al menos hasta edades avanzadas.

Electricidad y química

Los estímulos nerviosos se propagan por las neuronas como impulsos eléctricos y se transmiten de unas a otras a través de mediadores químicos específicos: todo lo que sentimos y pensamos es, por tanto, fruto de flujos eléctricos y de reacciones químicas.

Electro-encefalograma

Aunque los impulsos eléctricos que recorren el sistema nervioso son de muy bajo voltaje, con detectores muy sensibles pueden registrarse en la superficie del cuerpo: es así como se realiza el electroencefalograma, mediante la aplicación de electrodos en la superficie del cráneo para registrar la actividad cerebral.

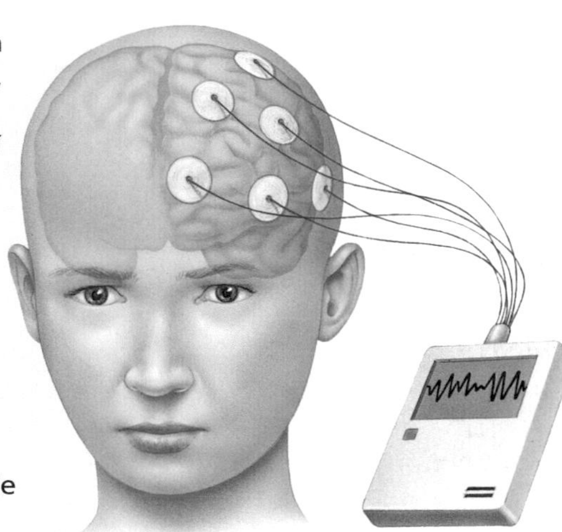

El dolor, un verdadero aliado

Mucho se ha especulado sobre el papel del dolor, y los investigadores han llegado a la conclusión de que, al contrario de lo que pudiera parecernos al pensar que causa sufrimiento, resulta beneficioso: corresponde a una señal de alarma, a un aviso de que algo no va bien.

La evolución del cerebro

Nuestro cerebro es mucho más grande que el de nuestro "pariente" más cercano, el chimpancé: de hecho, el tamaño del cerebro ha aumentado progresivamente a lo largo de la evolución. Así, mientras que el cerebro del *Australopithecus* medía unos 500 cm^3 y el del primitivo *Homo erectus* alrededor de 1.000 cm^3, el del *Homo sapiens* alcanzó, como promedio, unos 1.500 cm^3.

El cerebro de un sabio

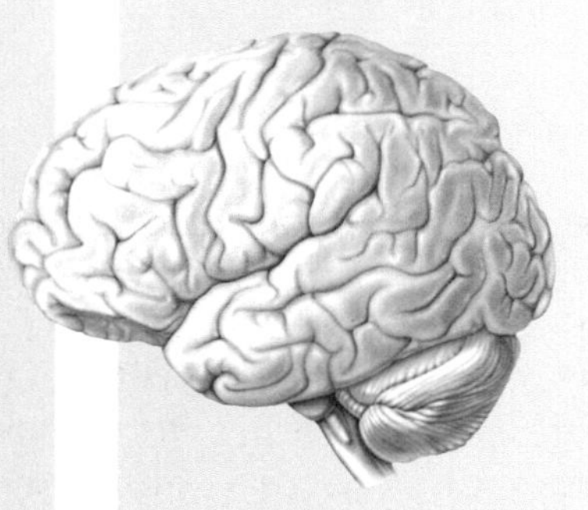

El cerebro del eminente físico y matemático Albert Einstein, responsable de la Teoría de la Relatividad, fue entregado a la ciencia para su estudio, y las investigaciones revelaron que tenía algunas características morfológicas que podrían haber influido en su gran capacidad de pensamiento espacial y matemático. Aunque se comprobó que Einstein tenía un cerebro muy similar al de la mayoría de las personas, pudo advertirse, entre otras peculiaridades, que las áreas relacionadas con el cálculo presentaban hasta un 15 % más de desarrollo de lo habitual.

A dormir

La función del sueño no se conoce con total exactitud, pero al parecer tiene un papel reparador y sirve para analizar la información recogida durante las horas de vigilia. Se sabe, eso sí, que el sueño constituye una necesidad humana fundamental, pues la privación de sueño provoca una progresiva disminución de la capacidad de atención y de concentración, y llega a generar graves trastornos mentales cuando se prolonga mucho. Tan necesario es el sueño que a dormir dedicamos nada menos que ¡la tercera parte de la vida!